THÉATRE
DE
CASIMIR DELAVIGNE.

THÉATRE
DE
CASIMIR DELAVIGNE

NOUVELLE ÉDITION, REVUE ET CORRIGÉE

TROISIÈME SÉRIE

Une famille au temps de Luther.

La Popularité.

La Fille du Cid.

PARIS

CHARPENTIER, LIBRAIRE-ÉDITEUR,

19, RUE DE LILLE, FAUBOURG SAINT-GERMAIN.

1852

UNE
FAMILLE AU TEMPS DE LUTHER

TRAGÉDIE EN UN ACTE,

REPRÉSENTÉE SUR LE THÉATRE-FRANÇAIS, LE 19 AVRIL 1836.

PERSONNAGES :

LUIGI DE MONTALTE.
PAOLO, frère de Luigi.
MARCO, vieux serviteur de la famille.
THÉCLA, mère de Luigi et de Paolo.
ELCI, fille de Luigi.
UN MESSAGER.

(La scène se passe aux environs d'Augsbourg.)

(Une salle commune dans une métairie : d'un côté, une fenêtre donnant sur la campagne ; plus loin, une cheminée ; de l'autre, un escalier. Sur le devant, une table et ce qu'il faut pour écrire.)

SCÈNE I.

LUIGI, *assis près de la table, une Bible ouverte devant lui ;*
THÉCLA, *qui l'écoute en filant.*

LUIGI.

Bible, manne céleste, adorable parole,
Livre qu'on peut nommer le livre qui console,
Œuvre de vérité, dont chaque mot guérit
Une douleur de l'âme, une erreur de l'esprit,
Je jure d'accomplir tes préceptes austères
Et baise avec ardeur tes sacrés caractères !

THÉCLA.

Bien ! Gloire à Dieu, Luigi ! Du moins mon premier-né
Suit l'exemple pieux qu'à deux fils j'ai donné.
Puissé-je voir ton frère entrer dans cette voie !
Et comme Siméon je mourrai de ma joie.

1.

LUIGI.
Cher Paolo !
THÉCLA.
Rougis de son aveuglement.
LUIGI.
J'en gémis.
THÉCLA.
Il s'y plaît, s'attache obstinément
A Rome, à ce cadavre, à cette chair impure
Qu'un souffle de Luther a mise en pourriture.
LUIGI.
Triste erreur !
THÉCLA.
Crime horrible envers le Dieu jaloux !
LUIGI.
Ce Dieu repousse-t-il Montalte, votre époux,
Mon père, qui, les yeux fermés à la lumière,
Mourut dans les liens de votre foi première ?
Lui, si tendre, si bon !
THÉCLA.
Mais catholique !
LUIGI.
Aimé
Du pauvre qu'il aimait.
THÉCLA.
Catholique !
LUIGI.
Estimé,
Béni, pleuré de tous.
THÉCLA.
Et digne qu'on le pleure,
Que je regretterai jusqu'à ma dernière heure ;
Mais catholique enfin !
LUIGI.
Eh ! ne l'étiez-vous pas
Quand un voyage heureux porta vers vous ses pas ?
Gentilhomme romain, dans cette métairie
Il oublia pour vous sa brillante patrie.
C'est un prêtre romain qui vous unit tous deux ;
Une église d'Augsbourg fut témoin de vos nœuds.
THÉCLA.
Église alors, mon fils ; mais nos ardents hommages
Au ciel, en holocauste, ont offert ses images,

SCÈNE I.

Ses marbres, ses tableaux, jusqu'à ce Raphaël
Dont les lambeaux brûlants sont tombés sur l'autel.

LUIGI.

Hélas !

THÉCLA.

Point de soupir ! Laissez à l'Italie
D'un culte qui se meurt l'idolâtre folie.
Le courroux des élus fit œuvre de raison
Lorsqu'en brûlant un meuble il sauva la maison.
Et, sans votre séjour dans une autre Gomorre,
Vous n'auriez pas, mon fils, pour des arts que j'abhorre,
Des simulacres vains sans vie et sans pouvoir,
Ces mollesses de cœur que j'ai honte à vous voir.

LUIGI.

Il est vrai, j'admirai dans mon adolescence
Et Rome, et son soleil, et sa magnificence :
Par Montalte avec moi mon frère y fut conduit.
Quel œil de ses splendeurs n'eût pas été séduit ?

THÉCLA.

Ce fut alors qu'au sein de son humble servante
Descendit du Seigneur la parole vivante ;
Mais par vous aux faux dieux Paolo confié
Ne suça point ce lait qui l'eût purifié.

LUIGI.

Un prélat lui promit honneurs, crédit, richesse...

THÉCLA.

Et, prélat qu'il était, ne tint pas sa promesse.
L'Ecclésiaste a dit : « Tout n'est que vanité. »
Paolo se crut riche, et pauvre il est resté.

LUIGI.

Nous revînmes sans lui.

THÉCLA.

Confiance imprudente !

LUIGI.

Qui l'excuse du moins. Son humeur sombre, ardente,
Ses désirs excités et jamais assouvis,
S'irritaient, s'enflammaient au fond des saints parvis.
Son cœur s'y consumait en extases mystiques,
Comme les pâles feux mourant sous leurs portiques,

Et dans les flots d'encens de leurs solennités
Vers les cieux s'exhalait, ivre de voluptés.
Mais quels attraits divins lui paraient son idole !
Pompe auguste, rayon d'une triple auréole,
Gloire morte et vivante, œuvres des arts, beaux jours...
Ah ! quand on les a vus on en rêve toujours.

THÉCLA.

Au moment d'abjurer la loi qu'on y professe,
Vers sa fange, mon fils, quel regret vous rabaisse !

LUIGI.

Non, de Rome pour moi craignez peu le poison ;
Ce qui charme mes sens y blesse ma raison.

THÉCLA.

Et vous la détestez en secouant sa chaîne ?

LUIGI.

J'abjure sans regret, mais j'abjure sans haine.

THÉCLA.

De la robe du Christ qui revêt la blancheur
Doit haïr le péché.

LUIGI.

         Mais non pas le pécheur.

THÉCLA.

Jusqu'au pécheur lui-même, alors qu'il persévère,
Fût-ce un frère, le vôtre ; oui, votre propre frère.

LUIGI.

Paolo !

THÉCLA.

      De mon cœur je le chasse aujourd'hui.

LUIGI.

Qui ? vous !

THÉCLA.

      Je l'en arrache, et je ne vois en lui
Qu'une âme par l'orgueil de lèpre dévorée,
Qu'une impure brebis d'Israël séparée,
Loin du bercail céleste errant à l'abandon,
Et pour qui je n'ai plus ni baisers ni pardon.

LUIGI.

Une mère !

THÉCLA.

     Qui ? moi ! redevenir la sienne !
Jamais !... et c'est ainsi qu'une mère est chrétienne.

SCÈNE I.

LUIGI.

Mais s'il vous tend les bras...

THÉCLA.

Je ferai mon devoir :
Jamais !

LUIGI, vivement.

Et cependant vous allez le revoir.

THÉCLA.

Qu'entends-je?... Il cède enfin à vos longues prières?

LUIGI.

De lui-même il revient.

THÉCLA.

Pour fermer mes paupières.

LUIGI.

Pour réjouir vos yeux.

THÉCLA.

L'absent revient à nous !
Ta servante, ô mon Dieu ! t'en rend grâce à genoux.

LUIGI.

Ah ! je vous reconnais.

THÉCLA.

Suis-je donc insensible?
Étouffer la nature est-ce un effort possible?
Le voir après quinze ans ! Mon fils !... il m'est rendu,
Je puis mourir : le fils que je croyais perdu
De sa vieille Thécla suivra les funérailles ;
Lui, dont le doux fardeau fit frémir mes entrailles,
Lui, le sang de mon sang, le fruit de mes douleurs,
Lui... je... Ma voix expire et s'éteint dans mes pleurs.

LUIGI.

Les siens vont s'y mêler.

THÉCLA, d'un air de reproche.

Me le cacher !

LUIGI.

Sans doute,
J'eus tort ; mais...

THÉCLA.

Il arrive ! et quand ? par quelle route?
Comment?

LUIGI.

C'est aujourd'hui que nous l'embrasserons.

THÉCLA.
Et peut-être, Luigi, nous le convertirons.
LUIGI, souriant.
N'y pensons que plus tard.
THÉCLA.
O joie inespérée !
Sa chambre d'autrefois est-elle préparée,
Celle où vos lits voisins se touchaient tous les deux ?
LUIGI.
Je la lui destinais.
THÉCLA.
Il faut encor... je veux...
(Appelant.)
Marco ! M'entendra-t-il ? Marco !

SCÈNE II.

LUIGI, THÉCLA, MARCO.

MARCO.
J'accours, maîtresse.
THÉCLA.
Retrouve tes vingt ans, rajeuni d'allégresse :
Mon Paolo revient.
LUIGI.
Il le sait.
MARCO.
Tout est prêt.
THÉCLA.
Quoi ! la maison entière était dans le secret ?
LUIGI.
Jusqu'à ma fille Elci ; sans la connaître, il l'aime.
MARCO.
Nous serons donc céans deux à penser de même.
THÉCLA, regardant Marco sévèrement.
Oui, catholique aussi !
LUIGI, lui frappant sur l'épaule.
Mais sage.
THÉCLA.
Ne va pas
Prendre avec lui les airs de nous blâmer tout bas.

SCÈNE II.

MARCO.

Que chacun suive en paix le culte qu'il préfère ;
Choisir entre les deux n'est pas petite affaire.
Le tisserand d'Augsbourg, Frantz, qui s'en est mêlé,
En a l'esprit malade et le cerveau fêlé :
Le mien tient bon ; je fais ce que faisait mon père,
Et chrétien comme lui je crois, j'aime et j'espère.

THÉCLA.

C'est bien ; mais à quoi bon vos hymnes, votre encens,
Vos cloches dont le branle assourdit les passants,
Vos saints qu'un cierge éclaire et que votre œil adore
Sur la toile enfumée où le ver les dévore?

LUIGI, bas à sa mère.

Est-ce donc le moment de prêcher un vieillard?

THÉCLA.

Pour corriger un fou jamais il n'est trop tard.

MARCO.

Fou ! tant qu'il vous plaira ! Sans crier anathème,
J'entends le son joyeux qui fêta mon baptême ;
Je sens comme un besoin d'être meilleur encor
Quand mon patron me luit dans son grand cadre d'or.
Mains jointes devant moi, ce saint que je contemple
M'encourage à prier en me donnant l'exemple.
Un bel alléluia m'épanouit le cœur,
Et je me fais plaisir quand je me mêle au chœur.
Ma voix chevrote un peu, mais son timbre résonne,
Et je ne vois pas, moi, sinon que je détonne,
Quel grand mal je commets lorsque dans le saint lieu
Je chante à plein gosier les louanges de Dieu.

THÉCLA.

Mais le jour du repos, vous le passez en fête.

LUIGI, à sa mère.

Assez !

THÉCLA.

De vos refrains vous nous brisez la tête.

MARCO.

Je crois très-fermement qu'au mépris de l'autel
Travailler le dimanche est un péché mortel ;
Et puissent me punir Rome et son saint collége
Si j'ai quelque accointance avec ce sacrilége !

Mais des actes permis le rire est-il exclus ?
Vous et les dissidents...
THÉCLA, avec colère.
Marco !
MARCO.
Non ! les élus :
Froids, recueillis, muets, vous craignez, je suppose,
D'éveiller de si loin Dieu quand il se repose.
Dieu vous approuve, soit ; mais en chantre zélé,
Pour sa gloire au lutrin lorsqu'on s'est signalé,
Défend-il de noyer au fond de quelque tonne
La soif qu'il nous causa dans le vin qu'il nous donne ?
Le refrain vient de source ; et chez maître Martin,
Les coudes sur la table, autour du broc d'étain
Qui passe en se vidant et repasse à la ronde,
Nous célébrons celui qui fit l'homme et le monde,
Et croyons qu'en buvant, qu'en chantant le vin vieux,
Nous le glorifions dans ce qu'il fit de mieux.
THÉCLA.
Ai-je mis à l'entendre assez de patience ?
LUIGI
Montrez pour Paolo cette même indulgence.
THÉCLA.
En aurai-je besoin ?
LUIGI.
Cachez-lui qu'avant peu
Je fais de mes erreurs l'éclatant désaveu.
THÉCLA.
Le cacher !
LUIGI.
S'il repart, ce coup toujours pénible,
Mais reçu loin de nous, lui sera moins sensible :
S'il reste, laissez-moi par mes ménagements
D'un cœur qui va saigner adoucir les tourments.
THÉCLA.
Peur terrestre, Luigi ! La vérité qui blesse,
Je l'entends sans colère et la dis sans faiblesse.
MARCO, vivement.
Et s'il vous disait, lui... ce que je ne dis point...
THÉCLA.
Quoi ?

SCÈNE II.

MARCO.
Que mon maître et vous errez sur plus d'un point?
THÉCLA, avec violence.
Merci de Dieu! Marco, voulez-vous qu'on vous chasse?
MARCO, à part.
Voilà comme elle entend la vérité.
LUIGI, à sa mère.
                    De grâce,
N'allez pas sur un mot prendre feu sans sujet;
Le pieux Mélanchthon approuve mon projet :
« Au fiel de ces débats qu'en famille on agite,
« L'amitié perd, dit-il, sans que la foi profite. »
THÉCLA.
De notre grand Luther l'apôtre préféré
Des lumières du siècle est sans doute éclairé;
Mais ne demandez pas à sa science humaine
Ce courroux vigoureux, cette ferveur de haine
Où son maître puisa l'âcre sincérité
Qui débordait en lui contre l'iniquité,
Quand pour l'aveugle même il a rendu visible
Jusqu'où pouvait faillir la parole infaillible,
Et qu'il a mis à nu, de ses viriles mains,
Tout ce ramas honteux de mensonges romains.
Mélanchthon, qui n'a point cette franchise amère,
Eût-il pu rien détruire?
LUIGI.
                    Il peut fonder, ma mère.
Dieu réserve à chacun l'œuvre qu'il accomplit;
La violence abat, la douceur établit.
Mais de vos deux enfants si l'intérêt vous touche,
Par pitié, par amour, qu'il vous ferme la bouche.
THÉCLA.
Ah! faible que je suis!
LUIGI.
Cédez.
THÉCLA.
                    Pénible effort!
LUIGI.
Vous vous l'imposerez.

THÉCLA.
Si je puis ; mais j'ai tort.
A ta langue, Marco, tu feras violence !
MARCO.
Mon amour pour la paix garantit mon silence.
(A part.)
L'anneau de Salomon me répondrait du sien,
Je ne m'y fierais pas.
THÉCLA.
Que murmurez-vous ?
MARCO.
Rien.
Mais voilà votre Elci.

SCÈNE III.
LUIGI, THÉCLA, MARCO, ELCI.

THÉCLA.
Venez, petite fille :
Vous étiez contre moi du complot de famille.
ELCI.
Contre vous, bonne mère ! Ah ! dites mieux, pour vous
Un plaisir qui surprend n'en est-il pas plus doux ?
LUIGI.
Avec l'aube naissante elle s'était levée.
MARCO.
Pour aller de son oncle épier l'arrivée.
ELCI.
Comment ne pas l'aimer ? Il m'aime, et tous les ans
Je reçois de sa part quelques nouveaux présents.
LUIGI.
Oui, pauvre, il donne encor.
THÉCLA.
Ces cadeaux d'Italie,
Je les crains.
ELCI.
Et moi pas ; ils me rendent jolie.
THÉCLA.
Aussi, pour votre bien, je vous dis sans détours
Qu'un peu de vanité se sent dans vos atours.

SCÈNE III.

ELCI.

Rien qu'un peu ?

LUIGI.

C'est permis.

MARCO.

L'église, qu'elle imite,
En parure de fête à se parer l'invite.

THÉCLA.

Pas aujourd'hui, Marco.

MARCO.

Mais le jour du Seigneur.
Chacun s'ajuste au mieux, et je m'en fais honneur.
Je tire l'habit neuf de l'armoire d'ébène,
Et suis beau sans remords une fois par semaine.

ELCI.

Et ces atours, d'ailleurs, qui les rend plus mondains ?
Vous.

THÉCLA.

Moi ?

ELCI.

Ces bijoux d'or sont un don de vos mains :
Reprenez-les.

THÉCLA.

Prends garde.

ELCI.

Osez.

THÉCLA.

Tu ris, friponne.

ELCI, qui lui donne un baiser.

Vous n'oseriez.

LUIGI.

Eh bien, tu n'as donc vu personne ?

ELCI.

Hélas ! pas lui, du moins.

LUIGI.

Mais, mon Elci, comment
L'aurais-tu reconnu ?

ELCI.

D'instinct, de sentiment :
Mon cœur m'eût dit : C'est lui ! De plaisir transportée,
En trois bonds dans ses bras je me serais jetée.

MARCO.
Au risque d'embrasser un passant tout surpris
D'un bonheur imprévu qu'il n'aurait pas compris.
ELCI.
Lasse d'attendre enfin, j'ai fait comme l'abeille,
Qui retourne au travail sitôt qu'elle s'éveille.
Et, parfumée encor des courses du matin,
Dans sa ruche en rentrant rapporte son butin.
(Ouvrant son tablier.)
Je n'ai pas épargné les blés du voisinage :
Ces touffes de bleuets en rendent témoignage.
Mon oncle aimait ces fleurs.
THÉCLA.
Il est vrai, quand jadis
Le long des épis verts je suivais mes deux fils.
LUIGI.
Beaux jours !
ELCI, secouant son tablier dans les mains de Marco.
Prends pour orner la chambre qu'il préfère.
MARCO.
Voilà de quoi fleurir une chapelle entière.
LUIGI.
Aimable enfant, qui, tendre et folâtre à la fois,
Chante, saute et s'ébat comme l'oiseau des bois.
ELCI.
La gaieté vous plaît tant !
THÉCLA.
Souvent je la vois grave.
ELCI.
Vous aimez qu'on le soit.
LUIGI.
De tous nos goûts esclave !
THÉCLA.
Devinant tous nos vœux !
MARCO.
Écoutant sans dédain
Les contes que je fais, quand elle est au jardin !
ELCI.
Mais du pauvre conteur les fruits sont au pillage.

SCÈNE III.

MARCO.

Cueillez, coupez, pillez; il en vient davantage :
C'est bénédiction.

LUIGI, faisant asseoir Elci sur ses genoux.

Ange, qu'il faut chérir ;
Oui, sa main bénit tout et fait tout refleurir.
Le bonjour dans les yeux, le souris sur la bouche,
Quand elle ouvre à demi les rideaux de ma couche,
De sa joie innocente elle vient m'égayer
Comme un reflet du ciel qui rit sur mon foyer.

THÉCLA.

Il ne lui manque plus que d'aller dans le temple
Honorer ma vieillesse en suivant votre exemple.

ELCI, à son père.

Ordonnez.

LUIGI.

J'aurais tort d'exprimer un désir.
N'obéis pas, choisis; mais attends pour choisir,
Attends pour abjurer le culte que j'abjure :
Ce qu'il faut consulter, quand ton âme plus mûre
Aura pour s'éclairer par la comparaison,
Ce n'est pas mon exemple, Elci, c'est ta raison.

ELCI.

Ma résolution ne peut rester douteuse :
Je veux être avec vous heureuse ou malheureuse.

LUIGI, en l'embrassant.

Ma fille !

THÉCLA, à Marco, d'un air de triomphe.

Tu l'entends ?

MARCO.

Fait-elle bien ou mal ?
Dieu le sait ! mais son culte est l'amour filial.

LUIGI.

Brisons là.

THÉCLA.

Voici l'heure où, dans leur conférence,
Luther et Mélanchthon font assaut d'éloquence :
De leur présence auguste ils veulent honorer
La fête qui bientôt doit vous régénérer.
Venez puiser d'avance une nouvelle vie
A ce banquet de l'âme où leur voix vous convie.

2.

LUIGI.

C'est un devoir.

THÉCLA, à Elci.

Au temple ils prêcheront demain ;
Y viendras-tu ?

ELCI.

Peut-être.

MARCO, à Elci.

A l'office prochain
Je suivrai le bon oncle ; irez-vous?

ELCI.

C'est possible.

LUIGI.

Chacun veut la gagner.

THÉCLA, à Luigi.

Ce bras-là pour ma Bible
L'autre pour moi ! Partons.

LUIGI, à Marco.

Garde-toi de sortir,
Et de son arrivée accours nous avertir.

(Thécla sort appuyée sur le bras de Luigi.)

SCÈNE IV.

MARCO, ELCI.

ELCI.

Adieu, Marco !

MARCO.

Déjà ?

ELCI.

Ma tâche est commencée :
J'habille du voisin la pauvre fiancée.
J'achèverai trop tard si je perds un moment,
Et donner à propos c'est donner doublement.

MARCO.

Hâtez-vous. Je descends jusqu'au bord de la source,
Pour voir si du ruisseau rien n'arrête la course :
Quand il suit son chemin il fait un bruit si doux !
Je veux que les amis, bras dessus, bras dessous,
Épanchent leurs deux cœurs près de ses ondes fraîches,
En caressant de l'œil le duvet de mes pêches.

ELCI.

Dieu bénisse, Marco, tes soins industrieux !
Va, qui travaille prie.

MARCO.

Et qui donne fait mieux,
Ange de charité !

(Elci sort.)

SCÈNE V.

MARCO.

Protestante ou fidèle,
Elle ira droit aux cieux ; mais pour s'emparer d'elle
Et l'y mener tous deux par différents chemins,
La messe avec le prêche ici vont être aux mains.
Non, ce cher Paolo par respect doit se taire :
Il était, à cinq ans quelque peu volontaire.
Mon préféré, mon fils, ce petit révolté
Qu'à l'école autrefois malgré lui j'ai porté,
Je vais donc le revoir, aujourd'hui, tout à l'heure,
L'embrasser le premier !... On vient... Allons, je pleure !
Tout ému que je suis, restons maître de moi.
Avant que de pleurer il faut savoir pourquoi.
Quel air sombre ! Est-ce lui ?

SCÈNE VI.

PAOLO, *suivi d'un messager à qui il a remis sa besace et son bâton de voyage et qui reste au fond;* MARCO, *retiré dans un coin d'où il observe Paolo.*

PAOLO, à voix basse en tombant sur un siége.

Dieu vengeur, je t'offense ;
Mais, à l'aspect des lieux témoins de notre enfance,
Je me sens défaillir sous l'horrible dessein
Que, depuis mon départ, je porte dans mon sein.

MARCO, qui s'approche.

Mon ancienne amitié ne peut le méconnaître ;
Non, c'est toi, c'est bien toi !...

PAOLO.

Marco !

MARCO.
C'est vous, mon maître!
PAOLO.
Dans mes bras!
MARCO.
Je n'osais.
PAOLO.
Encor!
MARCO.
Jamais assez!
PAOLO.
Mon bon, mon digne ami!
MARCO.
Vous me reconnaissez?
PAOLO.
Malgré tes cheveux blancs.
MARCO.
J'ai vieilli.
PAOLO.
Mon visage
Plus pâle que le tien a vieilli davantage.
MARCO.
Qu'est-ce? un peu de fatigue?
PAOLO.
Un mal plus grand.
MARCO.
L'ennui
Qu'un triste pèlerin traîne en route avec lui?
PAOLO.
Non; les veilles, Marco, le jeûne, une pensée...
(Portant la main à son front.)
Elle est là.
MARCO.
Pourquoi donc ne l'avoir pas chassée?
PAOLO.
Mais toi, toujours dispos; l'œil vif, le teint fleuri;
Satisfait de ton sort!
MARCO.
Bien vêtu, bien nourri,
Je suffis, sans fatigue, aux soins du jardinage.
L'hiver j'ai du loisir; l'été je me ménage.

SCÈNE VI.

Si mes melons ont soif, je suis leur sommelier;
Mais, quand j'ai soif aussi, je me sers le premier.

PAOLO.

Et ta religion?

MARCO.

Je la suis.

PAOLO.

En fidèle?

MARCO.

Mais en vieillard.

PAOLO.

Comment?

MARCO.

A ma façon.

PAOLO.

Laquelle?

MARCO.

Vous jeûnez; moi, je tiens que, passé soixante ans,
On peut en prendre à l'aise avec les Quatre-Temps.
Pour les veilles, néant; hors si Noël arrive,
Vu que le réveillon me met sur le qui-vive.
Quant à mon confesseur, ses avis sont ma loi;
Mais le vieux que j'ai pris dit toujours comme moi;
Et si, par grand hasard, il me prêche abstinence,
C'est chose de santé plus que de continence.
Je ne blâme personne et ne m'émeus de rien.
Doux pour moi, bon pour tous, je ris et mène à bien,
Sans faire l'esprit fort, ni trancher de l'apôtre,
Ma joie en ce bas monde et mon salut dans l'autre.

PAOLO.

Et tu vis d'un œil froid nos autels profanés?

MARCO.

Non.

PAOLO.

Leurs trésors détruits?

MARCO.

Non pas.

PAOLO.

Abandonnés
Au pillage, aux fureurs d'un peuple frénétique?

MARCO.

Et que pouvait contre eux un pauvre domestique?

J'ai crié, mais tout bas ; car, à ne point mentir,
Je n'eus jamais en moi l'étoffe d'un martyr.

PAOLO.

Je devais donc trouver cette tiédeur de zèle
Dans le vieil héritier de la foi paternelle !
Et de ces insensés il n'est pas le plus grand :
Le moindre crime ici, c'est d'être indifférent.
Luigi ?...

MARCO.

    Vous hésitez ?

PAOLO.

    Mon bon frère...

MARCO.

                Il vous aime.

PAOLO.

Comme autrefois, oui ; mais...

MARCO.

                Il est toujours le même.

PAOLO.

Oui, pour moi ; mais... pour Rome?

MARCO.

                Expliquez-vous.

PAOLO.

                  Eh bien,
On assure, et je crois... non, non, je ne crois rien.
S'il était vrai !

MARCO.

    Parlez.

PAOLO.

         Je ne le puis ; je tremble.
Oh ! non ; je maudirais le jour qui nous rassemble :
Luigi, traître à son Dieu !

MARCO.

        Qui répand ce bruit-là ?

PAOLO.

C'est faux ?

MARCO.

    Quelque ennemi !

PAOLO.

        Tu l'affirmes ?

SCÈNE VI.

MARCO.

                                                                             Voilà
Comme on brouille les gens !

PAOLO.

                                    Achève ; je t'écoute.
J'arrivais convaincu ; tu m'as parlé, je doute :
                                       (Le repoussant.
Je doute ; ah ! sois béni !... Mais puis-je croire en toi ?

MARCO.

Eh ! pourquoi pas ?

PAOLO.

                    Chrétien incertain dans ta foi !

MARCO.

Incertain !

PAOLO.

        Cœur glacé !

MARCO.

                  Souffrez que je m'explique.

PAOLO.

Tu te souviens encor que tu fus catholique ;
Tu ne l'es plus.

MARCO.

       Si fait.

PAOLO.

               Tu ne l'es plus ; va, fui.

MARCO, à part.

Je le suis trop pour elle et pas assez pour lui.

PAOLO, montrant le messager.

J'ai besoin d'être seul ; chez moi conduis cet homme :
Je veux lui confier une lettre pour Rome ;
Je vais l'écrire

MARCO.

      Au moins...

PAOLO.

                Qu'il la prenne en partant.

MARCO.

Au moins voyez la chambre où vous vous plaisiez tant.

PAOLO.

Non, sors !

MARCO.

Des deux côtés voilà qu'on me soupçonne.
Soyez donc modéré pour ne plaire à personne.

(Au messager en lui montrant les degrés qui conduisent à la chambre de Paolo.)

Montez.

SCÈNE VII.

PAOLO.

Dieu me l'a dit; Dieu m'a dit : « Je le veux. »
J'ai senti sur mon front se dresser mes cheveux;
Il m'a répété : « Marche ! » et, plein d'un saint courage,
J'ai pris, pour obéir, mon bâton de voyage ;
J'ai marché; me voici !... Mais devant l'attentat
Qui sans vie à mes pieds doit jeter l'apostat,
Mon bras peut hésiter si Dieu ne le décide.
Apostat? lui, jamais! plutôt moi... fratricide !
Et puisque j'ai faibli malgré tous mes efforts,
Je ne puis me lier par des nœuds assez forts.
Écrivons.
(Il s'assied près de la table.)

« Au révérend frère Anastasio, pénitencier de Sainte-
« Marie-Majeure.

« Mon père, »

Ma main tremble.

« Peut-être le bruit répandu sur l'apostasie de mon frère
« n'est qu'une œuvre de mensonge, ou, du moins, je pour-
« rai par mes paroles raffermir sa foi chancelante. Tel est le
« devoir que je me suis imposé en m'éclairant de vos con-
« seils, et qu'il me sera donné de remplir si votre pieuse
« inspiration m'anime. »

Inexprimable ivresse !
Mon cœur se rouvrirait, et des pleurs de tendresse,
Des pleurs rafraîchissants, par la joie arrachés,
Jailliraient vers mon Dieu de mes yeux desséchés!

« Mais il est une autre mission connue de moi seul et que
« j'ai reçue d'un plus grand, d'un plus saint que vous, du
« Tout-Puissant, qui ne veut pas que je sois séparé de mon
« frère durant cette vie dont les joies ou les tourments se-

« ront sans fin. Priez donc, oh! priez à genoux, pour qu'il
« ne se fasse pas, en s'obstinant à se perdre, une vertu de
« l'endurcissement ; car, je l'ai juré à Dieu, et je vous écris
« pour vous le jurer à vous-même, la veille de son abjura-
« tion... »

La veille! et si demain... Ah! qu'il cède, qu'il vive,
Qu'il vive, et que jamais cette veille n'arrive !

« La veille de son abjuration, je supplierai le ciel, les
« mains jointes et le front contre terre, de répandre sur lui
« les grâces d'un dernier repentir, et, dût mon âme se dé-
« chirer..., je sauverai la sienne. »

SCÈNE VIII.

PAOLO ; MARCO, *qui descend suivi du messager.*

MARCO.

Je cours vers votre frère.

PAOLO. se retournant brusquement.

Hein, quoi ? qui m'a parlé ?
Où vas-tu ? Que veux-tu ? T'avais-je rappelé ?
Que m'as-tu dit ?

MARCO, intimidé.

Pardon !

PAOLO.

Vers mon frère !

MARCO.

Sans doute,
Et je vais, j'en suis sûr, le trouver sur ma route,
Qui, les deux bras tendus, et de larmes baigné...

PAOLO, avec douceur.

Va, Marco !

MARCO, sortant.

Je m'y perds.

SCÈNE IX.

PAOLO ; LE MESSAGER, *au fond.*

PAOLO, reprenant la plume.

Achevons.

« Si je reviens parjure, montrez-moi cette lettre, et que la

« malédiction de mon souverain juge pèse sur moi dans ce
« monde et dans l'autre ; je l'accepte. En signant ce que je
« vous écris, je mets mon nom au bas de mon éternelle
« condamnation. »

(Il se lève.)

J'ai signé.

(Au messager.)

Piétro, rends cette lettre à celui qui m'envoie.

(Le messager sort.)

J'aurai consommé l'œuvre avant qu'il me revoie.

THÉCLA, du dehors.

Il est ici !

LUIGI, de même.

Mon frère ?

PAOLO.

Ah ! qu'entends-je ? A ce cri,
Ce cri qui m'est si doux, frissonnant, attendri,
De joie et de douleur je sens mon cœur se fondre.
Nos bras vont s'enlacer, nos sanglots se confondre,
Et j'ai signé !...

SCÈNE X.

PAOLO, THÉCLA, LUIGI, MARCO.

THÉCLA.

Mon fils !

LUIGI.

Ah ! mon frère !

THÉCLA.

Seul bien

Qu'au ciel je demandais !

LUIGI.

Mon Paolo !

THÉCLA.

Le mien,

Le mien, qui m'est rendu !

LUIGI.

Doux retour ! que de charmes

Je goûte à te revoir !

PAOLO.

Où suis-je ?

SCÈNE X.

THÉCLA.
Sous les larmes,
Les baisers maternels.

LUIGI.
Sur le sein d'un ami.

THÉCLA.
Parle-moi.

LUIGI.
Réponds-nous.

PAOLO.
Ne vivant qu'à demi,
Chancelant sous le poids d'un bonheur qui m'oppresse,
Puis-je trouver des mots pour en peindre l'ivresse !

LUIGI.
Nous te regrettions tant !

THÉCLA.
J'ai tant gémi sur toi !

PAOLO, à Thécla.
Moi, sur vous !

THÉCLA.
Je n'étais que malheureuse.

PAOLO.
Et moi,
J'étais coupable ?

LUIGI.
Non.

THÉCLA, froidement.
Vous plaindre, est-ce une offense ?

PAOLO.
Je vous plaignais de même ; est-ce un crime ?

LUIGI, vivement.
Je pense
Que nous avions raison de nous plaindre tous trois :
L'absence est si cruelle !

THÉCLA.
Ah ! c'est vrai.

MARCO, à part.
Cette fois,
Il a paré le coup.

THÉCLA.
Grâce à la Providence,
Tu trouveras ici la gaieté, l'abondance,
L'union.

UNE FAMILLE AU TEMPS DE LUTHER.

MARCO, à part.

Qu'elle y reste !

LUIGI.

Oui, tout m'a réussi ;
Frère, j'ai prospéré.

THÉCLA.

Mais c'était juste aussi ;
Dieu protége les siens.

PAOLO.

Comment les siens ?

LUIGI.

En père
Il nous protége tous.

THÉCLA.

Cependant l'un prospère,
Mais l'autre...

PAOLO.

On le châtie ?

LUIGI.

Eh ! de quels torts ?

PAOLO.

Pourquoi ?

THÉCLA.

Je m'entends.

PAOLO, prenant la main de son frère.

L'un et l'autre ils ont la même foi.

THÉCLA.

Qu'à l'esprit qui s'obstine un jour le ciel pardonne !
C'est mon vœu.

PAOLO.

Comme un jour au cœur qui l'abandonne !
C'est le mien.

THÉCLA.

Pour l'aveugle à quoi sert la clarté ?

PAOLO.

A qui poursuit l'erreur que fait la vérité ?

THÉCLA.

L'erreur !

PAOLO.

L'aveuglement !

MARCO, à part

Ah ! la voilà partie !
Le démon de Luther se met de la partie.

SCÈNE XI.

LUIGI.
Ma mère, Paolo, ne pensons qu'au bonheur
D'être unis tous les trois dans la paix du Seigneur.

THÉCLA, à Paolo avec effusion.
Unis, toujours unis, en priant l'un pour l'autre !
Oublions tout... Ta main !

LUIGI, en la mettant dans celle de Thécla.
Elle cherchait la vôtre.

THÉCLA, à Paolo.
Embrassons-nous, mon fils, et de bonne amitié.
Je vous quitte ; Marco ne fait rien qu'à moitié.
(A Marco.)
J'aurai du soin pour deux. Que le foyer pétille !
Grand feu ! fête au logis et banquet de famille !
Après un si long deuil que la joie ait son tour,
Puisque l'enfant prodigue est enfin de retour.

MARCO, bas, en riant, à sa maîtresse.
Fausse comparaison, maîtresse ; car j'estime
Qu'il n'a pu, n'ayant rien, manger sa légitime.

THÉCLA, sévèrement.
Respect à l'Écriture ! en rire, c'est pécher.

MARCO.
Bon ! Dieu fera le sourd pour ne pas s'en fâcher.

THÉCLA.
Silence ! et suivez-moi.

MARCO, à part.
Le premier choc fut rude ;
Mais quand de disputer ils auront l'habitude...
(Il suit Thécla.)

SCÈNE XI.

PAOLO, LUIGI.

LUIGI, à part.
Ménageons sa faiblesse.

PAOLO, de même.
Un cœur prêt à faillir
Avec cet abandon n'aurait pu m'accueillir :
On m'a trompé.
(Haut, avec émotion
Luigi.

3.

LUIGI.

Frère !

PAOLO.

Je crois renaître ;
Une ineffable paix se répand dans mon être.
Ah ! mon ami !

LUIGI, montrant le fauteuil de famille.

C'est là que, se penchant vers nous,
Celui qui manque ici nous prit sur ses genoux.
Frère, tu t'en souviens ?

PAOLO.

C'est là qu'à ma demande,
De quelque saint martyr il contait la légende,
Et que ma mère... alors elle invoquait les saints,
Ma mère, pour prier, joignait nos jeunes mains.
Tu t'en souviens, Luigi ?

LUIGI.

L'été, sous la feuillée,
Rappelle-toi nos jeux.

PAOLO.

Comme de la veillée
Les heures fuyaient vite à ces pieux récits !

LUIGI.

Quels plaisirs nous goûtions l'un près de l'autre assis !

PAOLO.

Qu'ils étaient purs !

LUIGI.

Ces jours reviendront, car tu restes ?

PAOLO.

Nous connaîtrons encor ces voluptés célestes...
Car tu n'es pas changé !

LUIGI, l'attirant vers la fenêtre ouverte.

Regarde.

PAOLO.

Où donc ?

LUIGI.

Là-bas,
Près du pommier, témoin de nos joyeux combats...

PAOLO.

Lorsque ses fruits vermeils, qui pendaient jusqu'à terre,
Présentaient aux deux camps des armes pour la guerre.

SCÈNE XI.

LUIGI.
Une maison s'élève.
PAOLO.
Oui.
LUIGI.
Bâtie à mon goût,
Bien modeste.
PAOLO.
A la tienne elle ressemble en tout.
LUIGI.
Dis-moi quelle est des deux celle que tu préfères?
PAOLO.
Elles sont sœurs, Luigi.
LUIGI.
Comme nous sommes frères.
PAOLO.
Qui l'habite?
LUIGI.
Un ami va bientôt l'habiter,
Et tu le connaîtrais si tu devais rester.
PAOLO.
C'est ton vœu?
LUIGI.
Le plus cher.
PAOLO, à part.
Il craindrait ma présence,
S'il n'était devant moi fort de son innocence :
On m'a trompé.
LUIGI.
Consens!
PAOLO.
Me promets-tu qu'un jour,
Comme à seize ans, pour Rome épris d'un pur amour,
A celui qui de Dieu sur la terre est l'image...
LUIGI
Tu consens?
PAOLO.
Nous irons rendre un dernier hommage!
LUIGI.
Eh! comment ferais-tu pour ne pas consentir?
Tu verrais sur le seuil, si tu voulais partir,
Les souvenirs vivants de notre premier âge,
En te tendant les bras, t'arrêter au passage.

Reste ! Ton ciel natal, Paolo, le voici !
Ce toit, c'est ton berceau ; ce vieux foyer noirci,
Où nos tremblantes mains se réchauffaient ensemble,
Nous réunit enfants ; vieillards, qu'il nous rassemble.
Nos deux chiffres, c'est là que tu les as laissés ;
Comme d'anciens amis se tenant embrassés,
Ils sont unis encor ; pourrions-nous ne plus l'être ?
Reste ! Eh ! par où nous fuir ? Dans cet enclos champêtre
Tu ne peux faire un pas, regarder, respirer,
Sans qu'un parfum connu qui revient t'enivrer,
L'allée où, chancelant, tu courais sur ma trace,
Le fleuve où de la mort tu m'as sauvé, la place
Où, plus âgé que toi, je vengeai ton affront,
La croix qui si souvent vit s'incliner ton front,
L'eau qui fuit, l'air qui passe ou le vent qui soupire,
Emprunte, en s'animant, une voix pour te dire :
« Reste ! aime encor ton frère aux lieux où tu l'aimais ;
« Es-tu sûr, si tu pars, de le revoir jamais ? »

PAOLO.

Et toi, si tu me suis dans la ville éternelle,
Pourras-tu l'admirer sans oublier pour elle
De ton pays natal le soleil éclipsé,
Sans rajeunir de joie en rêvant au passé ?
Il a brillé pour toi, son ciel, où ta prière
Ne montait qu'à travers l'azur et la lumière ;
Son pavé triomphal a tressailli sous toi ;
Ses débris t'ont parlé ; du cirque, où pour ta foi
De ses héros chrétiens mourut la sainte armée,
Tu sentis palpiter la poussière animée.
Quand Rome en deuil suivit son Sauveur au tombeau,
Tu pleurais ! Mais quel jour ! qu'il fut grand, qu'il fut beau !
Qu'il t'enivra, ce jour, où des voiles funèbres
Rome, en ressuscitant, déchira les ténèbres !
Tous les chants, tous les bruits à la fois renaissants,
Ces cortéges sacrés, ces nuages d'encens,
Ces palmes qui du Christ couronnaient la victoire,
Un homme, un prêtre, un Dieu, qui planait dans sa gloire
Entre Rome et les cieux, et des cieux entr'ouverts
Répandait les pardons sur Rome et l'univers ;
Quel spectacle !... O Luigi, les transports qu'il inspire

N'ont-ils pas à leur tour une voix pour te dire :
« Viens ! le grand jour approche ! ah ! viens, venez tous deux,
« Pleins de la même foi, brûlés des mêmes feux
« Qu'il versait par torrents dans votre âme embrasée,
« De ses divins pardons recueillir la rosée ! »

LUIGI.

Paolo !...

PAOLO.

Tu viendras ! Et quand nous sentirons
La grâce à flots sacrés s'épancher sur nos fronts,
Puissent nos cœurs noyés dans cette joie intime,
Dans ce bonheur de croire où la raison s'abîme,
Mourir, et, confondus, voler d'un même essor
Au sein de l'Éternel pour s'y confondre encor.
Oui, réunis aux cieux !... Tu pleures !... Ah ! mon frère,
On te calomniait ; mais qu'un aveu sincère
Me punisse du moins de t'avoir soupçonné.
Toi, que je jugeais mal, toi, que j'ai condamné.
Apprends...

SCÈNE XII.

PAOLO, LUIGI, MARCO.

MARCO, à Luigi, d'un air de mystère.

Mon maître...

LUIGI.

Eh bien !

MARCO.

Un mot !

PAOLO, à l'écart.

Quelque surprise
Qu'on veut me ménager !

MARCO, bas à Luigi.

Cet homme à barbe grise,
Ce moine, qui jamais ne parle sans prêcher,
Et même quand il prie a l'air de se fâcher,
Il est en bas.

LUIGI, bas.

Luther !

MARCO.

La diète qui l'exile
Entend que sous deux jours il cherche un autre asile ;

Mais il veut en partant vous bénir de sa main,
Et la cérémonie est fixée à demain.
LUIGI.
Ciel ! que m'annonces-tu, Marco ?
MARCO.
      Ce qui se passe,
Et ce qu'à ma maîtresse il contait à voix basse.
Mais s'il allait monter...
LUIGI, vivement à Paolo.
    Je sors et je reviens :
Tu le permets ?
PAOLO.
   Va, frère. Avant cet entretien
Pour moi la solitude était un long supplice ;
Seul, je puis maintenant rêver avec délice.
Va, je suis sûr de toi.
LUIGI, à Marco.
    Cours chercher mon Elci.
MARCO.
Je viens de l'avertir.
PAOLO, à Luigi.
   Ta fille, est-elle ici ?
Et je l'attends encor ! Loin de moi que fait-elle ?
LUIGI, sortant.
Tu vas la voir.

SCÈNE XIII.

PAOLO, MARCO.

PAOLO.
   Elle a de la Vierge immortelle
L'angélique douceur, l'aimable pureté !
Le moindre de ses dons, Marco, c'est la beauté,
N'est-ce pas ?
MARCO.
  Sur ce point m'en croirez-vous ?
PAOLO.
      Pardonne.
Qui peut douter d'un frère a-t-il foi dans personne ?
J'étais bien malheureux ; car j'aurais mieux aimé
Le trouver au retour, sanglant, inanimé,

SCÈNE XIV.

Mort, que traître à son culte et frappé d'anathème ;
Oui, mort.
     MARCO.
    C'est d'un bon frère.
      PAOLO.
        Et toi, Marco, toi-même,
Si tu sentais fléchir ton zèle chancelant,
N'aimerais-tu pas mieux qu'un ami, t'immolant,
Dans ta bouche entr'ouverte arrêtât ton parjure
Que de le proférer ?
     MARCO.
    L'alternative est dure.
      PAOLO.
Quoi ! tu balancerais ?
     MARCO.
     Je ne dis pas cela ;
Mais je n'ai pas d'ami qui m'aime à ce point-là.
 (A part.)
Heureusement !
    PAOLO, avec gravité.
    Peut-être.
     MARCO, effrayé.
       En tous cas je proclame
Que je suis bon chrétien, chrétien de cœur et d'âme,
Pour que vous le sachiez et le fassiez savoir
Aux amis trop ardents que je pourrais avoir.
Mais votre nièce accourt ; je vous laisse avec elle.

SCÈNE XIV.

PAOLO, MARCO, ELCI.

     PAOLO.
Venez, vous que ma voix, vous que mon cœur appelle.
     ELCI.
Mon oncle en m'écrivant ne me disait pas : Vous.
     PAOLO.
Non, toi, chère Elci, toi !
     MARCO.
       Dans ces sentiments doux,
Qu'elle inspire si bien, que le ciel vous maintienne !

(A part.)
Adieu!... Comme il entend la charité chrétienne !
Quel homme !
(Il sort.)

SCÈNE XV.

PAOLO, ELCI.

PAOLO.
Toi, ma fille !
ELCI.
A la bonne heure ; au moins
Vous me donnez mon nom.
PAOLO.
Oui, ton nom.
ELCI.
Par mes soins
Je veux vous retenir en cherchant à vous plaire ;
Je veux vous enchaîner.
PAOLO.
Je me laisserai faire.
ELCI.
Pour toujours ı
PAOLO.
Son regard, ses traits, ses blonds cheveux,
Rappellent la madone à qui j'offrais mes vœux.
ELCI.
Dont vos mains sur l'ivoire ont reproduit l'image ?
PAOLO.
Que je te destinais.
ELCI.
Admirant votre ouvrage,
Pour vous, soir et matin, je priais.
PAOLO.
Comme moi,
J'admirais le modèle et je priais pour toi.
ELCI.
Je disais : Qu'il revienne et me chérisse en père !
PAOLO.
Moi : Qu'elle soit heureuse autant qu'elle m'est chère,
Belle, pure, adorable !
ELCI.
Et j'obtiens...

SCÈNE XV.

PAOLO.
J'ai trouvé...

ELCI.

Plus que je n'espérais.

PAOLO.

Mieux que ne j'ai rêvé.

(Il s'assied en l'attirant vers lui.)

Quoi ! tu ne craignais pas ma piété sévère,
Qui peut blesser ici quelqu'un que je révère ?

ELCI, tantôt debout près de son oncle, tantôt assise sur le bras du fauteuil.

Non, car je comptais bien mettre la paix ici
Entre vous et quelqu'un que je révère aussi.

PAOLO.

Sois donc par ta douceur l'ange qui nous rapproche ;
Sois mon conseil.

ELCI.

Comment ?

PAOLO.

Veux-tu ?

ELCI.

Jusqu'au reproche
Vous écouterez tout.

PAOLO.

Avec humilité :
Des lèvres d'un enfant descend la vérité.

ELCI.

Alors je vais remplir mon grave ministère.

PAOLO.

Déjà !

ELCI.

Vous avez peur ?

PAOLO.

Moins que toi.

ELCI.

Si ma mère
Traite certain sujet avec un peu d'aigreur,
Vous serez indulgent ?

PAOLO.

Comme on l'est pour l'erreur.

ELCI.

Sans répondre ?

III.

PAOLO.

Pourtant...

ELCI, d'un air suppliant.

Sans répondre ?

PAOLO.

Sa grâce
Me désarme d'avance.

ELCI.

Et c'est convenu ?

PAOLO.

Passe :
Je saurai me contraindre.

ELCI.

En cercle, quand le soir
Tous quatre autour du feu nous viendrons nous asseoir,
Ne vous offensez pas si je prends soin moi-même
De placer sous ses yeux le seul livre qu'elle aime.

PAOLO.

Lequel ?

ELCI.

La Bible.

PAOLO.

Elci, c'est un livre sacré.

ELCI.

La Bible... de Luther.

PAOLO, se levant à demi.

Qu'entends-je ? Et je verrai,
Sans le mettre en lambeaux...

ELCI, qui le fait rasseoir en lui passant ses bras autour du cou.

Pendant cette lecture,
Vous me regarderez.

PAOLO.

Charmante créature !

ELCI.

Nous causerons de Rome.

PAOLO.

Oui.

ELCI.

Nous lirons tous deux.

PAOLO.

Saintement.

ELCI.

Mais bien bas, sans nous occuper d'eux.

SCÈNE XV.

PAOLO.

D'eux!... Comment? Que dis-tu ?

ELCI.

C'est chose naturelle
Qu'il ait sa liberté, s'il veut lire avec elle.

PAOLO.

Qui donc, Elci?

ELCI.

Mon père.

PAOLO.

Eh! quoi?...

ELCI.

Ne craignez rien :
Il respecte mon culte en pratiquant le sien.

PAOLO.

Le sien !

ELCI.

Bon comme lui, vous suivrez son exemple.
Et, le jour du Seigneur, quand ils iront au temple...

PAOLO, se levant.

Au temple !

ELCI.

Qu'avez-vous ?

PAOLO.

Aurait-il abjuré?

ELCI.

Pas encor.

PAOLO.

Mais cet acte, il n'est que différé?

ELCI.

De quelques jours.

PAOLO.

Mon frère !... Au temple !... Est-il possible ?

ELCI.

Ne me regardez pas avec cet œil terrible.

PAOLO.

Affirmer qu'il abjure, et c'est vous qui l'osez !

ELCI.

Je tremble.

PAOLO.

Savez-vous de quoi vous l'accusez ?

ELCI.

Moi !

PAOLO.

D'un crime.

ELCI.

Qui? moi!

PAOLO.

C'est faux : j'en ai pour gage
Sa voix, ses traits émus et son touchant langage,
Ses pleurs que sur mon front je crois encor sentir ;
C'est faux, c'est un mensonge.

ELCI.

Aurais-je pu mentir ?

PAOLO.

Ah ! cet accent si vrai, qui m'éclaire et me tue,
Anéantit l'espoir dans mon âme abattue.
Malheureux !

ELCI.

Et par moi !

PAOLO, avec violence.

Mais il ne le peut pas ;
Mais je me jetterais au-devant de ses pas ;
Mais je mettrais ma main sur sa bouche infidèle ;
Mais, non ; mais de ces bras l'étreinte fraternelle,
Lui comprimant le cœur dans un dernier adieu,
Étoufferait sa voix prête à blasphémer Dieu !
Il ne le peut pas, non : renier sa croyance,
Non, renier son Dieu n'est pas en sa puissance.

SCÈNE XVI.

PAOLO, ELCI, THÉCLA.

THECLA, à Paolo.

Et qui vous rend ici l'arbitre de sa foi ?

PAOLO.

Celui dont vos leçons m'ont enseigné la loi.

THÉCLA.

Que dit-elle ?

PAOLO.

D'aimer, de secourir son frère.

THÉCLA.

Mais, avant tout, mon fils, de respecter sa mère.

SCÈNE XVII.

PAOLO.
Je n'en ai plus.
THECLA, à Elci.
Sortez.
ELCI.
De grâce!...
THÉCLA.
Faites voir
Que ce respect pour vous est encore un devoir.
ELCI.
J'obéis.

SCÈNE XVII.

PAOLO, THÉCLA.

PAOLO.
Mon retour ne me l'a pas rendue.
Perdue en cette vie, et pour jamais perdue,
Celle qui nous disait : Enfants, restez unis ;
Croyez ce que je crois, et vous serez bénis !
THÉCLA.
Vain souvenir d'un temps où je fus idolâtre !
PAOLO.
Fidèle.
THÉCLA.
Nuit d'erreur !
PAOLO.
Jour pur !
THÉCLA.
J'étais marâtre.
PAOLO.
Vous étiez mère.
THECLA.
Alors, les égarant tous deux,
Je perdais mes enfants.
PAOLO.
Vous les sauviez.
THÉCLA.
L'un d'eux
Va se rouvrir le ciel.
PAOLO.
L'un n'ira pas sans l'autre.

THECLA.

Quittez donc votre culte.

PAOLO.

Abandonnez le vôtre.

THECLA.

Il est fatal.

PAOLO.

Plus bas !

THÉCLA.

Sacrilége.

PAOLO.

Plus bas !

Mon père vous entend.

THECLA.

Et ne vous voit-il pas ?

PAOLO.

Il m'approuve du moins.

THÉCLA.

Est-ce de faire outrage
A tous les droits sacrés qu'avec lui je partage?

PAOLO.

L'Éternel qui m'envoie, et Rome d'où je viens,
Font céder au devoir les terrestres liens.

THÉCLA.

Retournez donc à Rome, où l'esprit d'imposture
Triomphe et foule aux pieds les lois de la nature.

PAOLO.

J'irai; mais non pas seul.

THECLA.

Lui, vous suivre ?

PAOLO.

Priez,
Priez pour qu'il me suive.

THECLA.

Ah ! plutôt à mes pieds
Que le courroux du ciel !...

PAOLO.

Arrêtez ! vœu funeste,
Que vous ne formez pas, que votre cœur déteste,
Il appelle la mort; il tue... Ah ! gardez-vous
De tenter par ce vœu le céleste courroux.

SCÈNE XIX.

THECLA.

Ne l'as-tu pas, toi-même, arraché de ma bouche ?
Va donc ; fuis, porte ailleurs ta piété farouche.
Rome te tend les bras ; fuis les miens, fuis ces lieux ;
Mère, frère, pays, fuis tout : dans ses adieux,
Celle qu'un fils ingrat traite ici d'étrangère
N'a plus de fils en lui, puisqu'il n'a plus de mère.

SCÈNE XVIII.

PAOLO, THÉCLA, LUIGI.

LUIGI.

Que dites-vous, grand Dieu !

THÉCLA.

Vous avez entendu.
Qu'au plus saint des devoirs par vous il soit rendu ;
Qu'il dompte son orgueil ; qu'il force sa colère
A respecter en moi ce qu'en lui je tolère ;
N'exiger rien de plus c'est me contraindre assez ;
S'il ne le peut, qu'il parte, ou je pars : choisissez.

SCÈNE XIX.

(La nuit vient par degrés pendant cette scène.)

LUIGI, PAOLO.

LUIGI.

Condamné dans ton cœur, j'ai droit de me défendre,
Paolo.

PAOLO, voulant s'éloigner.

Laissez-moi.

LUIGI.

Demeure ; il faut m'entendre
Maintenant ou jamais.

PAOLO, faisant un pas pour sortir.

Jamais.

LUIGI.

Séparons-nous.

PAOLO, qui revient et s'arrête sans le regarder.

Qu'avez-vous à me dire et que me voulez-vous ?

LUIGI.
Plaise au ciel que ma voix jusqu'à ton âme arrive !
Car pour notre amitié cette heure est décisive.

PAOLO.
Parlez.

LUIGI.
En ennemi tu détournes les yeux.
Regarde-moi, mon frère, et tu m'entendras mieux.

PAOLO, avec émotion, en le regardant.
Ah ! Luigi, la croyance est-elle encor la mienne ?

LUIGI.
Je ne te répondrai que ma main dans la tienne.

PAOLO, lui serrant la main.
Réponds.

LUIGI.
Instruit de tout, devrais-tu l'exiger,
Cet aveu qui me coûte et qui va t'affliger ?

PAOLO, qui s'éloigne de lui.
Tu l'as donc résolu ? C'est vrai ? Tu me déclares
Que pour l'éternité de moi tu te sépares ?

LUIGI.
Calme-toi.

PAOLO.
Je le veux : rien encor n'est perdu.

LUIGI.
On supporte avec peine un coup inattendu...

PAOLO.
Puis, l'espoir qui renaît nous le rend moins sensible.

LUIGI.
Le temps adoucit tout.

PAOLO.
A Dieu tout est possible.

LUIGI, qui se rapproche de son frère.
Indulgents l'un pour l'autre, on s'apaise en sentant
Que, sans penser de même, on peut s'aimer autant.

PAOLO, de même.
L'opinion de l'un, l'autre enfin la partage,
Et l'on est étonné de s'aimer davantage.
Un de nous doit errer.

LUIGI.
Qu'importe ?

SCÈNE XIX.

PAOLO.

       Si j'ai tort,
J'en conviendrai, Luigi.

LUIGI

      Pour vivre en bon accord,
N'est-il pas des sujets qu'il faut nous interdire ?

PAOLO.

Aucun.

LUIGI.

   Tu crois ?

PAOLO.

     C'est sûr.

LUIGI.

       Quoi que nous puissions dire,
Nous resterons amis.

PAOLO, avec tendresse.

     Toujours !

LUIGI.

       De quel fardeau
Tu soulages mon cœur !

PAOLO, l'embrassant.

      Amis jusqu'au tombeau.
(Il s'assied et invite du geste son frère à l'imiter.)
Parlons donc franchement. Cher Luigi, je m'étonne,
Mais sans m'en irriter, que mon frère abandonne
L'humble paix du chrétien qui n'a jamais douté,
Pour l'orgueilleux plaisir de l'incrédulité.

LUIGI

Moi, ce qui me surprend, sans que je m'en offense,
C'est qu'un esprit si droit par habitude encense,
Avec un vieux respect qui n'est plus de saison,
Des abus avérés que proscrit la raison.

PAOLO.

Triste fruit des discours, des livres d'un sectaire !

LUIGI.

Les as-tu lus ?

PAOLO.

   Moi ! non.

LUIGI.

     Fais-le donc.

PAOLO.

       Pour le faire
Je les méprise trop.

LUIGI.
Avant de condamner,
Tu conviendras pourtant qu'il faut examiner.

PAOLO.
Quoi ? les rêves d'un fou ?

LUIGI.
Que plus d'un sage écoute.

PAOLO.
Le lire ou l'écouter, c'est admettre qu'on doute.

LUIGI.
Douter, c'est faire un pas.

PAOLO.
Vers le mal.

LUIGI.
Vers le bien.

PAOLO.
Nous différons d'avis.

LUIGI.
Tu crois tout.

PAOLO.
Et toi, rien.

LUIGI.
Je crois sans fanatisme.

PAOLO.
On est donc fanatique
En ne se traînant pas aux pieds d'un hérétique ?

LUIGI,
Voilà votre grand mot !

PAOLO.
C'est le mot juste..

LUIGI.
Non.

PAOLO, se levant.
Eh bien ! d'un apostat, pour lui donner son nom.

LUIGI.
Luther !... tu vas trop loin.

PAOLO.
Pas assez : je proclame
Que c'est un être vil.

LUIGI.
Ah ! prends garde !

SCÈNE XIX.

PAOLO.

Un infâme.

LUIGI.

Lui !

PAOLO.

Le dernier de tous.

LUIGI.

C'est un prêtre inspiré.

PAOLO.

Par l'enfer.

LUIGI.

Par le ciel.

PAOLO.

Pour qui rien n'est sacré.

LUIGI.

Mais...

PAOLO.

S'il écrit il ment, et s'il parle il blasphème.

LUIGI, se levant aussi.

Mais l'insulter chez moi, c'est m'insulter moi-même.

PAOLO.

Chez toi ! Comme ta mère es-tu las de m'y voir ?

LUIGI.

Le droit de m'y braver, penses-tu donc l'avoir ?

PAOLO.

J'ai le droit d'accabler, d'écraser sous l'injure
L'imposteur déhonté qui te pousse au parjure ;
Le misérable !...

LUIGI.

Arrête, ou...

PAOLO.

Quoi ?

LUIGI.

Je me contien.

PAOLO.

Quoi ! tu me chasserais ? Ose le dire.

LUIGI.

Eh bien,
Admets que je l'ai dit.

PAOLO, après un silence.

Je m'y devais attendre.
Luther te saura gré d'une amitié si tendre.

LUIGI.

Encor!

PAOLO.

Mon Dieu! je pars; mais j'ai la liberté
De reprendre chez toi ce peu que j'apportai?
Tu m'en laisses le temps?

LUIGI, avec embarras, en arrêtant son frère au bord de l'escalier

Voici la nuit.

PAOLO.

Qu'importe?

LUIGI.

Le ciel est orageux.

PAOLO.

En refermant ta porte,
Sous ce toit fraternel, où je n'ai pas dormi,
Tu te riras des vents; et qui sait? un ami,
Ton moine, s'il survient, prendra ma place vide;
Mais que ton frère absent dehors marche sans guide,
Trouve un gîte dans l'ombre ou doive s'en passer,
Le bienvenu Luther t'en voudrait d'y penser.

LUIGI.

Toujours!

PAOLO.

De l'eau du ciel, des coups de la tempête,
Quelque portail d'église abritera ma tête,
Et sur la froide couche où tu m'auras jeté,
Par celui qui voit tout je serai visité.
Nul ne viendra du moins me disputer la pierre
Où cet hôte divin fermera ma paupière :
On est sûr de l'abri qu'on cherche dans ses bras;
Lui vous reçoit toujours et ne vous chasse pas.

LUIGI.

Tu peux jusqu'à demain retarder ton voyage.

PAOLO.

Comment? le cœur te manque? Allons, reprends courage.
Au reste, près d'ici prolongeant mon séjour,
Je veux de ton triomphe attendre le grand jour :
Il est fixé sans doute, et la veille... Pardonne,
Car j'abuse du temps que ta pitié me donne.
Adieu, parjure!

LUIGI.

Adieu.

(Paolo monte les degrés qui conduisent à sa chambre.)

SCÈNE XX.

LUIGI.

Des hauteurs de sa foi
Doit-il fouler aux pieds la vertu devant moi,
Étouffer la raison sous l'erreur qu'il préfère?
Non, certes; j'ai bien fait; je ne pouvais mieux faire.
Qu'il parte!... Ah! dans nos jeux, lorsque nous nous quittions
C'était pour revenir, enfants que nous étions :
Point de torts qu'à douze ans ne répare un sourire.
Ce temps n'est plus ; le mot que je viens de lui dire
Au cœur d'un vieil ami n'entre pas à moitié,
Et reste dans la plaie en tuant l'amitié :
Elle est morte.

SCÈNE XXI.

LUIGI, THÉCLA, ELCI et MARCO, *apportant des flambeaux, et préparant la table pour le repas du soir.*

THÉCLA.
A mon fils dois-je céder la place?

LUIGI.
Ma mère, demeurez.

THÉCLA.
Il met bas son audace?

LUIGI.
N'en redoutez plus rien.

THÉCLA.
Son orgueil a fléchi?

LUIGI.
Du joug qu'il m'imposait je me suis affranchi.

THÉCLA.
Gloire à vous!

LUIGI.
Diffamer une vie exemplaire !
Flétrir l'élu du ciel dont la raison m'éclaire !

THÉCLA.
Et sous votre courroux vous l'avez terrassé?
Et vous l'avez fait taire? Et vous...

LUIGI.
Je l'ai chassé.

THÉCLA, tombant sur un siége près de la table.

Chassé !

ELCI.
Qui ? votre frère !

MARCO.
Après quinze ans d'absence !

LUIGI, à Marco.

Pas un mot, ou sortez !

ELCI.
Ah ! c'est cruel.

LUIGI, à sa fille.

Silence !
Pour me blâmer ici tout le monde est d'accord.

ELCI.
On le plaint.

LUIGI.
On m'offense.

MARCO.
Allez, qui n'a pas tort
Sans s'offenser de rien souffre qu'on lui réponde :
Mécontent de soi-même, on l'est de tout le monde.

ELCI.
Vous ne m'avez jamais parlé si durement.

LUIGI.
C'est qu'on n'a jamais vu pareil aveuglement ;
C'est que chacun s'obstine à me trouver coupable,
Prend parti contre moi, me méconnaît, m'accable,
Excepté vous, ma mère.

THÉCLA, avec désespoir, en se levant.

Et vous ne l'avez pas,
Quand il a dit : « Je pars, » retenu dans vos bras !

LUIGI.
Vous aussi !

THÉCLA.
Le chasser des lieux qui l'ont vu naître !
De chez vous, de chez lui !... Sous ce toit dont le maître
A cette heure de paix nous bénit tant de fois,
Nous devions une nuit reposer tous les trois.

SCÈNE XXII.

LUIGI.

Indigné pour Luther, j'eus tort de le défendre ?

THÉCLA.

Non ; je ne dis plus rien.

LUIGI.

Paolo va descendre.

ELCI.

Il est encore ici ?

LUIGI.

Qu'il me tende la main,
Je fais pour l'embrasser la moitié du chemin ;
Sinon, il partira.

ELCI.

Quoi ! le jour qu'il arrive ?

THÉCLA.

Sans qu'une fois du moins il soit notre convive

MARCO, à Luigi.

Adieu ! puisqu'à choisir le ciel me réserva,
Je suis le serviteur de celui qui s'en va.

LUIGI.

Libre à toi.

SCÉNE XXII.

LUIGI, THÉCLA, ELCI, MARCO ; PAOLO,
qui descend lentement les degrés.

ELCI, bas à Thécla.

Le voici.

THECLA.

Je me tais et je pleure.

ELCI, de même à son père.

Vous lui direz un mot !

LUIGI.

Non.

MARCO, à Luigi.

Faites qu'il demeure,
Ou vos nuits sans repos commencent aujourd'hui,
Et vous aurez chassé le sommeil avec lui.

LUIGI, à sa mère.

M'honorer d'un adieu lui semble une bassesse.

THECLA.

Il est vrai.

LUIGI.

Puis-je alors l'aborder sans faiblesse?

ELCI.

Vous ne le verrez plus.

LUIGI.

C'est lui donner raison !

(Plus bas, à lui-même.)

Et je ne puis pas, moi, lui demander pardon !...

MARCO, à Luigi, tandis que Paolo, qui est descendu, s'éloigne sans détourner la tête.

Il part.

THECLA.

Tout est fini !

LUIGI.

Tout !

ELCI, qui s'est mise à genoux sur le seuil de la porte, à Paolo.

Pardon pour mon père !

PAOLO.

Elci !

ELCI.

Vous resterez.

PAOLO, faisant effort pour sortir.

Laisse-moi ma colère :
Il a rompu les nœuds dont Dieu nous a liés.

ELCI.

Rien ne pouvait les rompre.

PAOLO.

Il m'a dit...

ELCI, qui lui met la main sur la bouche en s'élançant à son cou.

Oubliez !

LUIGI.

Mon frère !

THECLA.

Mes enfants !

PAOLO.

Oui, j'oublierai, j'oublie ;
Mais, par pitié pour toi, pour moi, qui t'en supplie,
Cesse de m'arrêter ; je veux fuir : dans ce lieu
Je vois planer sur nous les vengeances de Dieu ;
La foudre gronde.

SCÈNE XXII.

LUIGI.

Ah! viens.

PAOLO.

C'est le deuil que j'apporte.

THECLA.

Le bonheur.

MARCO.

S'il le faut, je garderai la porte.

ELCI.

Et moi, mon prisonnier.

PAOLO, à sa nièce qui l'entraîne vers la table.

Que fais-tu, chère Elci?

J'aurais dû résister.

THECLA, à Paolo, en le faisant asseoir.

Toi, là; ton frère, ici;

Votre mère entre vous.

ELCI, à Paolo.

Près de vous votre fille!

MARCO.

Et personne d'absent au banquet de famille!

LUIGI.

Grâce au ciel!

THECLA.

Un de moins, tous étaient malheureux.

PAOLO, à Elci, qui s'empresse de le servir.

Tu ne penses qu'à moi.

ELCI.

C'est penser à nous deux.

MARCO, à Paolo.

Laissez-la vous choyer : je vous dis à l'oreille
Que vous pourrez chez vous lui rendre la pareille.

PAOLO.

Ai-je un chez-moi?

LUIGI.

Marco, tu trahis mon secret.

PAOLO.

Comment?...

LUIGI.

Cette maison que mon frère admirait,

C'est la sienne.

PAOLO.
De grâce!...
LUIGI.
Ou tu m'en veux encore,
Ou tu l'accepteras.
PAOLO.
Dieu, que pour lui j'implore,
Tu l'entends !
THECLA, à Paolo.
Prends, mon fils.
ELCI, à Paolo.
Ces fruits, ils sont à vous ;
Car dans votre verger je les ai cueillis tous.
PAOLO.
Toi !
MARGO.
Quand mettrai-je à bas vos blés qui sont superbes ?
Je suis prêt.
LUIGI, à Paolo.
De mes mains j'irai lier tes gerbes.
THECLA.
Moi, les compter.
ELCI.
Et moi, me mêlant aux glaneurs,
De vos épis tombés leur faire les honneurs.
PAOLO
Mon cœur est inondé d'une ivresse inconnue.
LUIGI, à son frère, en lui montrant Marco.
Tu permets qu'un vieillard boive à ta bienvenue ?
MARCO, à Elci qui lui verse à boire.
Jusqu'aux bords !
LUIGI, qui se lève, ainsi que tous les convives.
A l'ami, qui s'est fait désirer,
Mais dont rien désormais ne peut nous séparer !
THECLA.
Par qui de mes beaux ans la verdeur va renaître !
ELCI.
Que j'appris à chérir avant de le connaître !
MARCO.
A l'enfant bien-aimé pour qui j'ai fait des vœux,
Lorsque l'eau du baptême a mouillé ses cheveux !

SCÈNE XXIII.

PAOLO.

Qu'à son banquet céleste ainsi Dieu nous rassemble!

MARCO, exalté.

Oui, tous les braves gens y trinqueront ensemble :
Vous et lui.

PAOLO, sévèrement.
    Tu le crois?

MARCO.
        Quand je me porte bien ;
Indisposé, j'ai peur et n'affirme plus rien.
Mais un beau jour d'octobre, où la récolte donne,
Vient-il me ranimer, plus gaillard, je raisonne ;
Comment? en jardinier. Je me dis : Les humains
Ressemblent aux fruits mûrs qui tombent dans nos mains :
Nous jetons les mauvais ; pour les bons, qui s'informe
S'ils diffèrent de goût, de couleur et de forme ?
Ainsi de nous, le jour où comme eux nous tombons,
Dieu ne fait que deux parts : les mauvais et les bons.

PAOLO.

Ta morale, Marco, me semble peu sévère.

ELCI, vivement.

La faute en est au vin dont j'ai rempli son verre.

THECLA, en regardant Marco d'un air mécontent.

Soit ; mais...

LUIGI.
    Un voyageur a besoin de sommeil :
Va reposer, mon frère.

THECLA, à Paolo.
    Adieu jusqu'au réveil.

ELCI.

Ici pour vous revoir je serai la première.

THECLA, à Luigi.

J'y viendrai, cette nuit, le front dans la poussière,
Conjurer le Seigneur d'être avec toi demain.

PAOLO, à part.

Demain, grand Dieu!

MARCO, à Paolo, en lui indiquant sa chambre.
    Faut-il vous montrer le chemin?

PAOLO.

Je le sais ; va dormir.

MARCO.

De grand cœur : jamais homme,
Si l'homme heureux dort bien, n'aura fait meilleur somme.

SCÈNE XXIII.

PAOLO ; LUIGI, *qui prend un flambeau pour se retirer.*

PAOLO.

Luigi !...

LUIGI.

Que veux-tu, frère ?

PAOLO.

Un dernier entretien.

LUIGI.

Crois-moi ; pour mon repos autant que pour le tien,
Il vaut mieux l'ajourner.

PAOLO.

Non, car je le redoute.

LUIGI.

Tu me pardonneras un refus qui me coûte :
Je ne dois sur mon lit me jeter qu'un instant ;
A minuit je me lève, et c'est en méditant
Que j'attendrai le jour.

PAOLO.
Pourquoi ?

LUIGI.

De te l'apprendre
Le temps n'est pas venu.

PAOLO.

Reste ; un mot peut me rendre
La paix dont j'ai besoin pour que du haut des cieux
Le sommeil qui me fuit descende sur mes yeux.
Si ce mot consolant expire dans ta bouche,
Passer toute une nuit si voisin de ta couche,
Je ne le puis ; j'ai peur d'y faire un rêve affreux :
Je sortirai d'ici ; j'y serais...

LUIGI.
Malheureux ?

Peux-tu l'être avec nous ?

SCÈNE XXIII.

PAOLO.

Bien malheureux, sans doute,
Désespéré, Luigi.

LUIGI.

Ta main est froide.

PAOLO.

Écoute!...
N'as-tu rien entendu?

LUIGI.

Rien qui m'alarme.

PAOLO.

Eh! quoi!
Aucun avis du ciel n'est venu jusqu'à toi?

LUIGI.

J'entends les vents gémir dans la cime des hêtres;
La pluie à coups pressés bat contre les fenêtres;
Un orage en passant trouble la paix des nuits.

PAOLO.

Rien d'étrange pour toi ne se mêle à ces bruits?
Mais les vents, quand leur souffle, autour des sépultures,
Prête à l'arbre des morts de si tristes murmures;
La foudre, quand ses feux, en sillonnant les airs,
Blanchissent les tombeaux de leurs pâles éclairs:
Non, la foudre et les vents, dans l'horreur des ténèbres,
Sans un ordre de Dieu, n'ont pas ces voix funèbres.

LUIGI.

Rappelle ta raison.

PAOLO.

Ma raison! devant lui
Qui peut mettre sa force en un si frêle appui?
La foi nous soutient seule, et tu trahis la tienne.
Mais ce mot où j'aspire, il faut que je l'obtienne;
Je veux te l'arracher: dis-moi, tu le diras,
Que sous l'œil irrité de ce Dieu dont le bras,
En suspens pour frapper, choisit déjà la place,
Tu sens s'évanouir ta sacrilége audace.

LUIGI.

Ce serait t'abuser.

PAOLO.

Réponds, jure qu'au moins
Ce jour où du forfait les cieux seraient témoins,

Ce jour, déjà mortel même avant qu'il arrive,
Qui soulève mon sein d'une horreur convulsive,
Décolore mon front, fait fléchir mes genoux,
Ce jour de désespoir est encor loin de nous.

LUIGI.

Il est prochain.

PAOLO.

Qu'il n'ait ni lendemain, ni veille ;
Qu'il ne soit pas, ce jour ! Si sa clarté m'éveille,
Ce sera pour gémir, pour te pleurer absent.
O mon bien-aimé frère ! ô mon ami ! mon sang !
Toi, frappé sur l'autel ! par qui ? c'est impossible !
Repens-toi ; tu le veux !... Il le veut ; Dieu terrible,
Ne le condamnez pas. Faut-il, pour t'attendrir,
A ton cou suspendu, de mes pleurs te couvrir ?
Repens-toi ; tu les sens inonder ta poitrine ;
Faut-il, pour amollir ton orgueil qui s'obstine,
Que, navré de douleur, que, palpitant d'effroi,
Je me traîne à tes pieds ? M'y voici : repens-toi,
Repens-toi ; n'attends pas que Dieu, qui te menace,
Marque ton front maudit du sceau que rien n'efface,
Et, laissant choir le coup que sa pitié retient,
Dise à l'éternité : Prends ce qui t'appartient !
Ah ! repens-toi, Luigi.

LUIGI.

Ton espoir n'est qu'un songe ;
Dois-je, en le confirmant, m'abaisser au mensonge ?
Je n'y descendrai pas.

PAOLO.

Tu te perds.

LUIGI.

Mon erreur,
Je la désavouerai sans remords, sans terreur...

PAOLO.

Mais tu te perds, te dis-je !

LUIGI.

Et ce grand sacrifice,
Qu'impose à ma raison la céleste justice,
Que ne peut retarder aucun effort humain...

PAOLO.

Tais-toi.

LUIGI.
Je l'offrirai...
PAOLO.
Ne dis pas quand !
LUIGI.
Demain.

PAOLO, tombant sur un siége.
C'est demain !
LUIGI.
Tu sais tout. S'il est vrai que tu m'aimes,
Après l'acte accompli, nous resterons les mêmes.
Si je te fais horreur, j'aimerai seul, et Dieu
Jugera qui de nous suit son précepte. Adieu,
(Revenant sur ses pas pour lui serrer la main.)
Ou plutôt à revoir !

SCÈNE XXIV.

PAOLO.

Demain ! Ce mot funeste
A de ma vie éteinte anéanti le reste,
Et, brisé sous le coup, mon cœur sans battement
A semblé de terreur s'arrêter un moment.
Relevez, ô mon Dieu, ma force défaillante.
Demain !... La voilà donc cette veille sanglante !
Elle avance dans l'ombre ; elle expire à minuit :
Qu'aura-t-il fait ce bras quand finira la nuit ?
Il tombe inanimé. Dois-je fuir ?... Je l'ignore.
Celui que j'aimais tant, que j'aime plus encore,
C'est là qu'il s'est assis au banquet du retour ;
Là, je l'ai vu, pleurant, souriant tour à tour,
Épancher de son cœur la gaieté familière ;
Là, ma coupe a touché sa coupe hospitalière ;
J'ai rendu vœux pour vœux à sa vieille amitié,
Et du pain qu'il m'offrait j'ai rompu la moitié.

(Se levant.)
Arrière ! loin de moi cet acte horrible, infâme !
Fuyons ; sauvons sa vie ; ah ! fuyons...
(S'arrêtant tout à coup.)
Mais son âme !

Il la perd ; il se damne ; et le ciel, qui pour lui
Se fermera demain, peut s'ouvrir aujourd'hui...
Je ne sais quel pouvoir agit sur tout mon être ;
L'ardeur d'un vin fumeux bouillonne en moi peut-être.
Par le jeûne affaibli, devais-je à ce poison
Redemander ma force et livrer ma raison !
   (Avec terreur, après s'être recueilli un moment.)
Ce n'est pas sa vapeur qui dans mon sein fermente ;
Je lutte contre Dieu dont l'esprit me tourmente ;
Oui, c'est Dieu, je m'épuise en efforts impuissants,
Dieu qui m'abat sous lui !
          (Se laissant tomber à genoux.)
             C'est Dieu même !... Je sens
Passer dans mes cheveux son souffle qui me glace ;
Il va venir, il vient me parler face à face,
Et je tremble, agité de ce frémissement
Dont nous tremblerons tous au jour du jugement.
Paolo !... Par mon nom je l'entends qui m'appelle.
Si j'obéis, Seigneur, doit-il mourir fidèle ?
Pour le régénérer il suffit d'un remord :
Dites que son salut doit sortir de sa mort.
« Frappe et sauve ! »
          (Se relevant.)
       Il l'a dit : voici l heure !... Ah ! pardonne :
Colère du Très-Haut, si ta voix me l'ordonne,
A ta voix frissonnant, si je suis plein de toi,
Un ordre encor ! un signe ! et marche devant moi.
   (S'avançant vers la chambre de Luigi.)
Marche et je te suivrai, marche, sainte colère,
Consume et purifie, immole et régénère.
Mais, un signe ! un seul mot !... Si l'ordre est répété,
Je ne le verrai plus que dans l'éternité.
Ciel ! ma mère.

SCÈNE XXV.

PAOLO, *à la porte de la chambre de son frère;* THÉCLA,
*les yeux attachés sur la Bible et absorbée dans sa
lecture.*

            THÉCLA, après s'être assise.
         Prions pour Luigi qui sommeille.
Du sacrifice enfin c'est aujourd'hui la veille.

SCÈNE XXV.

Dieu, de t'offrir mon fils le moment est venu.
Meure en lui le pécheur qui t'avait méconnu...

PAOLO.

Que dit-elle?

THECLA.

Et vers toi que le chrétien s'élance !
Tu l'attends : ton oracle a rompu le silence.
Oui, ce livre inspiré, je l'ouvris au hasard,
Et le verset du texte où tomba mon regard
Me dit qu'on l'acceptant tu bénirais l'offrande ;
(Debout et avec exaltation.)
Car voici, Saint des saints, ce que ta voix commande :

PAOLO.

J'écoute.

THECLA, lisant la Bible.

« Prends celui que tu aimes, ton unique sur la terre, et va
« me l'offrir en holocauste ! »

PAOLO, qui s'élance dans la chambre.

J'obéis.

THECLA.

Couronnant mes efforts,
Achève, Dieu vainqueur, fais-moi boire à pleins bords
Les pures voluptés dont ta coupe est remplie :
Que je jouisse enfin de mon œuvre accomplie,
Dans la joie et l'orgueil de la maternité ;
Achève et mets le comble à ma félicité !
Qu'entends-je?... Crainte vaine !... Il veillait, il médite.
(Paolo sort à pas lents de la chambre et vient s'appuyer sur
la rampe de l'escalier.)
D'une ardente ferveur l'émotion l'agite,
Et ces sons étouffés qui me glaçaient d'effroi...
Non, des gémissements arrivent jusqu'à moi.

LUIGI, en dehors.

Paolo !

PAOLO.

Je succombe.

THECLA.

Il appelle son frère.
Ah ! courons ; je frémis.

SCÈNE XXVI.

PAOLO.

Ombre de mon vieux père,
Murmure à son chevet des mots de repentir,
Et sauve, en l'assistant, l'âme qui va partir !
Je ne le puis.
(Aux cris que pousse Thécla.)
Où fuir cette voix déchirante ?

SCÈNE XXVII.

PAOLO ; ELCI, *qui s'élance vers lui au moment où il va sortir.*

ELCI.

Arrêtez !

PAOLO.

Encor vous !...

ELCI.

Calmez mon épouvante.

PAOLO.

C'est Dieu qui l'a voulu.

ELCI.

Quoi ?

PAOLO.

C'est vous : sur le seuil
Ne vous ai-je pas dit que j'apportais le deuil ?

ELCI.

Il est ici ?

PAOLO.

La mort !

ELCI.

Elle a frappé ?

PAOLO.

Sans crime ;
Par devoir.

ELCI.

Qui ?

PAOLO.

Priez !

SCÈNE XXVIII.

ELCI.
Pour qui?

PAOLO.
Pour la victime.

ELCI.
Quelle est-elle?

PAOLO.
Un pécheur qui lutte près de nous
Entre l'enfer et Dieu.

ELCI.
Je frissonne.

PAOLO.
A genoux!
Priez, enfant, priez; l'éternelle clémence
Ne repoussera pas les vœux de l'innocence.

SCÈNE XXVIII.

PAOLO, ELCI, THÉCLA, puis LUIGI.

THECLA, du dehors.
Sanglant! frappé dans l'ombre!... Un meurtre!... Des secours!
 (En entrant.)
Des secours!... Non! mort, mort!

ELCI.
Mon père!

THECLA.
Elci, viens, cours.
Viens, mon fils, courons tous; qu'il rouvre sa paupière
Sous les embrassements de sa famille entière!

ELCI, apercevant Luigi.
Ah! que vois-je? c'est lui!

THECLA, qui s'élance pour le soutenir.
Ton père assassiné!

LUIGI.
Paolo! ton ami jusqu'à toi s'est traîné.

PAOLO, à part.
Mon ami!

ELCI, à son père.
Mes baisers vous rendront à la vie;
Ils vont vous ranimer.

LUIGI, se laissant tomber sur un siége.
                La force m'est ravie.

          THECLA, à Paolo.
Vois mes pleurs, vois le sang qui coule de son sein !
Cours, Paolo ; poursuis, punis son assassin ;
Venge-nous tous.
                LUIGI, à Paolo.
                    Demeure : un mourant te l'ordonne ;
Pardonne à l'assassin comme je lui pardonne.
                PAOLO.
Ah ! Luigi !...
                LUIGI.
        Dans tes bras presse-moi, mon Elci !
Des ombres du tombeau mon regard obscurci,
Sur ces traits adorés que la douleur altère,
Cherche encore un rayon du bonheur de la terre.
Enfant, je vais dormir de mon dernier sommeil,
Je ne te verrai plus me sourire au réveil.

              THECLA.
Pense au ciel et renie un culte abominable !

              PAOLO.
Crains ton juge et reviens à la foi véritable !
              THECLA.
Abjure et sois chrétien !
              PAOLO.
                Crois et sois enfanté
Par une mort chrétienne à l'immortalité !
              ELCI.
Non, ne me quittez pas !
              LUIGI.
                La peur de la colère
N'affaiblit point, Seigneur, la raison qui m'éclaire ;
Et ce que j'aurais fait pour vivre sous ta loi,
Je le fais en mourant pour me rejoindre à toi :
      (Se levant soutenu par Elci et Thécla.)
J'abjure.
              THECLA.
      Il est sauvé !
              PAOLO.
          Perdu !

SCÈNE XXVIII.

ELCI.

Votre croyance,
Je l'embrasse, ô mon père, elle est mon espérance :
Je vous suivrai du moins.

PAOLO, à lui-même.

Dieu, tu m'as donc trompé?

LUIGI, d'une voix éteinte.

Nous devons nous revoir : le coup qui m'a frappé
N'a pu rompre les nœuds d'une amitié si tendre...
Je vous quitte ici-bas... mais... je vais vous attendre!

ELCI.

Il expire!

THECLA, relevant avec une morne douleur la tête de Luigi et lui donnant un baiser sur le front.

Mon fils!...

(Avec explosion.)

Ah! que le meurtrier,
Rebut des siens, horreur de son propre foyer,
Fuyant sa solitude et partout solitaire,
Privé de l'eau, du feu, sans abri sur la terre
Où s'arrêter le jour, où s'étendre le soir,
Et sans repos, s'il vit, et, s'il meurt, sans espoir,
Soit maudit par le prêtre à son heure suprême,
Maudit par tous, maudit par son père lui-même,
Maudit par celle enfin dont les flancs ont porté
Cet exécrable fruit de leur fécondité!
Cieux, entendez ce cri de ma douleur profonde;
Vengez-moi, justes cieux, moi, qui suis seule au monde,
Moi, qui n'ai plus de fils!...

(Se retournant vers Paolo, en lui tendant les bras.)

Ah! pardon! qu'ai-je dit?
Il m'en reste un encor.

PAOLO, qui la repousse et s'enfuit épouvanté.

Non, vous l'avez maudit!

FIN D'UNE FAMILLE AU TEMPS DE LUTHER.

LA POPULARITÉ,

COMÉDIE EN CINQ ACTES,

REPRÉSENTÉE SUR LE THÉATRE-FRANÇAIS, LE 1ᵉʳ DÉCEMBRE 1858.

A MON FILS.

Cher espoir de deux cœurs, comme leur doux tourment,
    A toi cette œuvre au théâtre applaudie !
Ces vers qu'à peine, ami, tu liras couramment,
    Ta mère veut que je te les dédie.

Lorsqu'au lever du jour la blanche épine en pleurs
    Aux pommiers blancs refleurit enlacée,
Que la Saint-Adjutor, toute blanche de fleurs,
    Rit au vallon comme une fiancée * ;

J'y rêvais à ces vers, sur l'herbe où nous tremblons
    Pour un faux pas fait par toi quand tu joues,
Où tu viens méchamment tendre tes cheveux blonds
    A nos baisers qui cherchent tes deux joues.

Maintes fois ce long mot, la popularité,
    Mes yeux t'ont vu l'épeler dans l'histoire,
Et grâce au doigt charmant sur la ligne arrêté,
    Grâce à ta mère, en sortir avec gloire.

Triomphant je riais ; elle, riait aussi.
    Tu lisais, toi, ce mot sans le comprendre :
Jeux, bruit, folâtres soins t'en ôtent le souci,
    Et de longtemps tu ne le voudras prendre.

Mieux te plaît, n'est-ce pas, glisser à ton réveil
    Tes doigts furtifs sous les feuilles humides,
Où le fraisier des bois cache un fruit moins vermeil
    Que l'incarnat de tes lèvres avides !

* Fête du hameau de la Madeleine, au mois d'avril.

LA POPULARITÉ.

Mieux te plaît, cher démon, quand des papillons bleus,
    Nacrés, dorés, l'essaim brillant t'appelle,
Sur les roses de mai te jouer avec eux
    Dans les rayons où leur vol étincelle ;

Mieux encor, sur tes pas traîner en souverain
    L'énorme chien, qui, la tête pendante,
Souffre, géant soumis, que ta petite main
    Insulte aux crocs de sa gueule béante.

Esclave aussi terrible et plus souvent flatté,
    Le peuple est doux aux maîtres qu'il tolère ;
Et ce qu'on nomme, enfant, la popularité,
    C'est son amour qu'un rien change en colère :

Amour plus fugitif que n'est la goutte d'eau,
    Ta gloire, à toi, quand ton souffle en colore
Le globe qui, tremblant au bout du chalumeau,
    Te semble un monde, éclate et s'évapore.

Amour, dont cependant tu dois peut-être un jour
    Poursuivre aussi la faveur passagère ;
Et, ce jour-là venu, bien verras à ton tour
    Qu'il n'est trompeur, cet écrit de ton père.

A l'heure de l'épreuve, ô mon fils, puisses-tu,
    Le relisant d'une voix attendrie,
D'un saint tressaillement frémir pour la vertu,
    D'un pur amour au nom de la patrie !

Puisses-tu !... Mais va, cours : sur ton front soucieux
    Je vois passer une ride légère,
Et, las de ton repos, en ouvrant tes grands yeux,
    Tu sembles dire : Est-ce fini, ma mère ?

Cours, jette aux vents l'ennui ; sois fier, en me quittant,
    De ressaisir ta jeune indépendance.
Ces vers écrits pour toi valent-ils un instant,
    Que je vole, mon fils, à tes beaux jours d'enfance ?

Jours printaniers, jours frais, les plus aimés des jours,
    Dont les vieillards en pleurant se souviennent ;
Qu'à peine on a sentis, qu'on regrette toujours,
    Et qui, passés, jamais plus ne reviennent.

LA POPULARITÉ

PERSONNAGES.

Sir GILBERT LINDSEY.
ÉDOUARD LINDSEY, son fils.
Lord DERBY.
Le chevalier CAVERLY.
MORTINS.
GODWIN.
THOMAS GOFF.
WILLIAM, domestique d'Édouard.
Un Domestique de lord Derby.
Un Domestique de sir Gilbert Lindsey.
LADY STRAFFORD, nièce de lord Derby.
Électeurs; Chefs d'ateliers, de métiers; Administrateurs des hospices, Domestiques.

ACTE PREMIER.

(Un salon chez Édouard Lindsey; trois grandes fenêtres au fond; deux portes latérales.)

SCÈNE I.

Sir GILBERT LINDSEY, ÉDOUARD, CAVERLY, MORTINS.

(On les entend d'une salle à manger voisine.)

EDOUARD.

A la gloire civile!

MORTINS.

Au peuple!

CAVERLY.

Au ministère!

(Éclat de rire général.)

SIR GILBERT.

Au pays!

SCÈNE II.

Sir GILBERT LINDSEY, *entrant;* ÉDOUARD, *qui le suit.*

SIR GILBERT.

Dans son toast, chacun son caractère :

Caverly, qui veut l'ordre avant la liberté,
Prône le ministère et porte sa santé ;
Radical dans le cœur, ton jeune camarade,
Mortins, nomme le peuple en vidant sa rasade ;
Moi, qui vis tout changer : ministres, peuple, et roi,
Je suis pour ce qui tient, pour le pays ; et toi,
L'aigle de nos débats, toi de qui la parole
Domine au parlement, tu bois à ton idole,
A la gloire.

EDOUARD.
  Je l'aime.

SIR GILBERT.
     Eh ! comment t'en blâmer?
L'éloge excite un cœur qui s'en laisse charmer ;
Mais crains l'opinion : c'est une enchanteresse.

EDOUARD.
Je veux, tout en l'aimant, gouverner ma maîtresse ;
Et, pour y parvenir, ne suis-je pas resté
Exempt d'ambition comme de vanité?
Premier des aldermans, sans faire un pas peut-être
J'étais lord-maire ; eh bien, j'ai dédaigné de l'être.
D'un domaine aujourd'hui Londres m'enrichissant,
A souscrit malgré moi ce don reconnaissant,
Et je viens à mon tour d'en doter ses hospices.
En vain l'opinion veut payer mes services ;
Elle me devra tout : que lui devrai-je? rien,
Rien qu'un pouvoir plus grand pour accomplir le bien.
Mais je saurai fixer sa faveur infidèle,
Je la dominerai ; car je prends pour modèle
Ce vertueux Névil que la chambre a perdu,
Qui, ferme sur l'autel, n'en est pas descendu,
Qui d'un deuil unanime a couvert nos murailles,
Et dont un peuple entier suivra les funérailles.
Oui, je veux, comme lui, des partis respecté,
Garder jusqu'à la fin ma popularité ;
Et si, tout chargé d'ans, comme lui je succombe,
En immortalité la changer sur ma tombe.

SIR GILBERT.
Sublime honneur, mais rare ! Adieu, ton déjeuner
M'a fait quitter mes champs et j'y vais retourner.

(Montrant la salle à manger.)
Rejoins-les.

EDOUARD.

De flacons la table est bien garnie,
Et mes vins, mieux que moi, leur tiendront compagnie.
Nous vous voyons à peine.

SIR GILBERT.
    A qui la faute?

EDOUARD.
          Hélas!

SIR GILBERT.

Que ne viens-tu, mon fils, causer sous mes lilas?

EDOUARD.

Le puis-je?

SIR GILBERT.
   Quoi! j'habite à trois milles de Londre,
Et de m'y visiter tu ne peux plus répondre.

EDOUARD.

De nos droits qu'on attaque assidu défenseur,
Je combats d'Harrington le pouvoir oppresseur.
Ce ministre aujourd'hui ne veut-il pas suspendre
Notre *habeas corpus*...

SIR GILBERT.
  Il s'en flatte.

EDOUARD.
      Et nous prendre
Quinze ou vingt millions avec la liberté,
Si nous votons son bill par les lords adopté?

SIR GILBERT.

La question est grave; et toi qui la décides
Dois-tu lui refuser une arme et des subsides?
Le Prétendant triomphe, il marche; ses progrès
Peuvent à bien des cœurs préparer des regrets.

EDOUARD.

Erreur!

SIR GILBERT.
  Tu crois?

EDOUARD.
     Mortins, l'honneur de notre presse,
D'Harrington sur ce point a démasqué l'adresse :

On veut nous effrayer de ce coup hasardeux,
Qui, loin de l'ébranler, raffermit Georges deux.

SIR GILBERT.

Puisqu'il en est ainsi, grave orateur, j'espère
Que sir Gilbert Lindsey, votre honorable père,
A sa table, demain, vous aura, s'il vous plaît,
Dût quelque bill nouveau vous saisir au collet.

EDOUARD.

A vous, et de grand cœur! Demain point de séance ;
Le cabinet tremblant prévoit sa déchéance,
Et, pour gagner un jour, il suspend nos débats.
Qu'il revienne à la charge, et je parle, j'abats,
J'écrase de sa loi le dernier paragraphe ;
Il succombe, on l'enterre, et, quant à l'épitaphe,
Nous la ferons : Ci-gît qui n'est pas regretté,
Et qui ne valait pas ce qu'il nous a coûté.

SIR GILBERT.

Lord Derby rit pourtant de la crise où nous sommes.

EDOUARD.

Mais sous cape, je crois, vu qu'il est de ces hommes
A mettre tout en feu pour rentrer dans leurs droits,
N'était la peur qu'ils ont de se brûler les doigts.

SIR GILBERT.

Son père, en chevalier, refusa sous Guillaume
Le serment qu'ont prêté les ordres du royaume.
Exclus des nobles bancs, il s'en vanta partout ;
Puis moins, puis moins encore ; et le fils pas du tout ;
Car lorsqu'il était franc, je veux dire au collége,
Je le vis quelquefois pleurer son privilége.

EDOUARD.

Ce marquis plébéien, alderman comme moi,
Espère à la cité donner bientôt la loi,
Et, convoitant l'honneur d'un pouvoir éphémère,
Vise au trône vacant par la mort du lord-maire.

SIR GILBERT.

Il dérogerait donc jusqu'à prêter serment ?
Et tu le nommerais ?

EDOUARD.

Non.

SIR GILBERT.
C'est sûr?
ÉDOUARD.
Non vraiment;
Mais la cité pour lui peut n'être point ingrate.
S'il pense en jacobite, il parle en démocrate :
Ou liberté sans borne, ou pouvoir absolu ;
Il ne sort pas de là. Le peuple a prévalu ;
Gloire au peuple! il est peuple ; il défend l'industrie ;
Au progrès, des deux mains, il pousse la patrie,
Et, sans se compromettre, il voudrait la pousser
Tant et si fort qu'enfin il pût tout renverser.

SIR GILBERT.
C'est son portrait vivant. J'augure, à ce langage,
Que l'honnête Nelbroun obtiendra ton suffrage.

ÉDOUARD.
Nelbroun pour le ministre a voté quelquefois.

SIR GILBERT.
Comme je fis jadis, pour ou contre, à mon choix,
En homme indépendant, qui voit même bassesse
A craindre le pouvoir qu'à redouter la presse.
Dans l'intérêt de tous, et jamais dans le mien,
Du bill qu'on proposait adversaire ou soutien,
J'écoutais les raisons sans penser aux personnes,
Et votais pour les lois, quand je les trouvais bonnes.

ÉDOUARD
Et c'était le devoir d'un loyal citoyen.

SIR GILBERT.
D'un digne Anglais, morbleu! qui veut, qui fait le bien,
Sans système exclusif : et tu feras de même ;
Tu nommeras Nelbroun, non parce que je l'aime,
Mais parce que Nelbroun est loyal comme moi,
Et qu'il a mérité d'être nommé par toi.

ÉDOUARD.
Quel feu !
SIR GILBERT.
C'est qu'entre nous le vieux marquis m'alarme.
ÉDOUARD.
Lui?
SIR GILBERT.
Quelqu'un qui t'écrit.

ÉDOUARD.

Sa nièce ?

SIR GILBERT.

Sous le charme
N'es-tu pas retombé ?

ÉDOUARD.

J'aime lady Strafford.

SIR GILBERT.

Ta Julia !

ÉDOUARD.

Je l'aime, et le temps rend plus fort
Un attrait qui pour moi commença dès l'enfance,
Et contre elle, à vingt ans, me trouva sans défense.
N'avez-vous pas vous-même approuvé cet amour ?

SIR GILBERT.

Il ne fut pas heureux.

ÉDOUARD.

Il le fut jusqu'au jour
Où, rejoignant les Stuarts sur la terre étrangère,
Elle épousa l'ami, le sauveur de son père.

SIR GILBERT.

Tu trouvais bien des torts à cet objet chéri.

ÉDOUARD.

Torts qu'elle a réparés.

SIR GILBERT.

En perdant son mari.

ÉDOUARD.

Ne raillez pas, de grâce ! et rendez-lui justice :
Elle fit au devoir un cruel sacrifice ;
L'âge de lord Strafford le dit, le prouve assez,
Et vous n'en doutez pas, vous qui la connaissez.
Elle est libre...

SIR GILBERT.

Et déjà votre correspondance
Traversant le détroit a comblé la distance.

ÉDOUARD.

Mais ce plaisir amer, ce bonheur dévorant,
Qui nous fait regretter ce qu'en rêve il nous rend,
J'en suis, depuis un mois, privé par son silence.

SIR GILBERT.

Veux-tu de tes chagrins tromper la violence,

ACTE I, SCÈNE II.

Viens me les confier ; avec moi viens t'asseoir
Sur ces gazons si frais, où, du matin au soir,
Plantant pour tes vieux jours, je vis en solitaire,
Après avoir payé ma dette à l'Angleterre.
Dans ce bien qu'en mourant ta mère t'a laissé,
Viens ; nous parlerons d'elle et du bonheur passé.
D'y fêter entre nous le jour de ta naissance
Je m'étais, pour demain, promis la jouissance,
Je voulais l'avoir seul ; mais, à mon grand regret,
Caverly par plaisir, Derby par intérêt,
M'ont volé cette joie en s'invitant eux-mêmes.
Que m'importe après tout ! tu seras là, tu m'aimes ;
Et j'y puis dire encor ce que j'ai dit cent fois :
Je l'en vis sortir pur, et pur je l'y revois.

ÉDOUARD.
Vous le pourrez toujours ; en doutez-vous ?

SIR GILBERT.
Écoute :
La popularité, que pour toi je redoute,
Commence, en nous prenant sur ses ailes de feu,
Par nous donner beaucoup et nous demander peu.
Elle est amie ardente ou mortelle ennemie,
Et, comme elle a sa gloire, elle a son infamie.
Jeune, tu dois l'aimer : son charme décevant
Fait battre mon vieux cœur, il m'enivre ; et souvent,
Au fond de la tribune où ta voix me remue,
Quand d'un même transport toute une chambre émue
Se lève, t'applaudit, te porte jusqu'aux cieux,
Je sens des pleurs divins me rouler dans les yeux.
Mais, si la volonté n'est égale au génie,
Cette faveur bientôt se tourne en tyrannie.
Tel qui croit la conduire est par elle entraîné :
Elle demande alors plus qu'elle n'a donné.
On fait pour lui complaire un premier sacrifice,
Un second, puis un autre ; et quand à son caprice
On a cédé fortune, et repos, et bonheur,
Elle vient fièrement vous demander l'honneur ;
Non pas cet honneur faux qu'elle-même dispense,
Mais l'estime de soi qu'aucun bien ne compense.
Ou l'honnête homme alors, ou le dieu doit tomber :

Vaincre dans cette lutte est encor succomber.
On résiste, elle ordonne ; on fléchit, elle opprime
Et traîne le vaincu des fautes jusqu'au crime.
De son ordre, au contraire, avez-vous fait mépris,
Cachez-vous, apostat, ou voyez à ses cris
Se dresser de fureur ceux qu'elle tient en laisse
Pour flatter qui lui cède et mordre qui la blesse :
Des vertus qu'ils n'ont plus ces détracteurs si bas,
Ces insulteurs gagés des talents qu'ils n'ont pas.
Elle excite leur meute, et les pousse, et se venge
En vous jetant au front leur colère et leur fange.
Voilà ce qu'elle fut, ce qu'elle est de nos jours,
Ce qu'en un pays libre on la verra toujours ;
Et s'il faut être enfin ou paraître coupable,
Laissant là l'honneur faux pour l'honneur véritable,
Souviens-toi qu'il vaut mieux tomber en citoyen
Sous le mépris de tous, que mériter le tien.

ÉDOUARD.

Ayez foi dans ce cœur où votre sang bouillonne.
Je ferai mon devoir, quoi que l'honneur m'ordonne.

SCÈNE III.

LES PRÉCÉDENTS, LE CHEVALIER CAVERLY, MORTINS, *tous deux un peu animés par le vin.*

MORTINS, qui s'arrête en entrant.

Chevalier Caverly, de la sincérité !

CAVERLY, de même.

Disons, monsieur Mortins, toute la vérité.

MORTINS.

Vous, sur moi.

CAVERLY.

Sur moi, vous.

SIR GILBERT, à Édouard.

Ton vin de France opère.

CAVERLY.

Et devant Édouard.

MORTINS.

Soit.

SIR GILBERT.
Je pars.
EDOUARD.
Non, mon père.
CAVERLY, à sir Gilbert.
Restez donc!
MORTINS.
Un moment, sir Gilbert, pour savoir
Si nous nous jugeons bien.
ÉDOUARD.
C'est folie.
CAVERLY.
Et pour voir
Si les partis sont francs quand ils sortent de table.
SIR GILBERT, en riant.
Soyons donc président de ce club respectable.
MORTINS.
Parlez, je ne crains rien.
CAVERLY.
Dites, j'entendrai tout :
Les auditeurs assis ;
(Montrant Mortins.)
et l'orateur debout.
MORTINS.
Caverly n'admet pas l'amour de la patrie :
Le professer, mensonge ; y croire, duperie ;
A toute illusion il a fait ses adieux,
Et la liberté même est un rêve à ses yeux.
CAVERLY, qui se lève.
Dites un cauchemar !
MORTINS.
Quand l'or partout circule,
N'en point avoir sa part lui semble un ridicule.
Il est propriétaire ; aussi n'a-t-il voté
Qu'avec un saint amour de la propriété.
Mieux vaut qu'en politique on soit irréprochable ;
Mais, pour être excusé, trouvant tout excusable,
Contre les torts passés jamais il ne tonna :
Une tache !... Eh ! bon Dieu ! le soleil même en a.
Changer pour être mieux est un travers qu'il fronde :

Les révolutions désheurent tout le monde.
Qu'on soit bien, qu'on soit mal, il ne s'en trouble pas,
Si ses chers gouvernants roulent du même pas ;
Et rendrait volontiers leur voiture si douce,
Qu'elle pût, sous leur poids, nous broyer sans secousse ;
Mais en sont ils dehors, il plaint ces imprudents,
Et sourit aux heureux qui vont monter dedans :
Du reste, homme obligeant, célibataire aimable,
Qui vit bien, qui fait bien les honneurs de sa table.
Et plus souvent encor de la table d'autrui ;
Car il manque partout quand il dîne chez lui.

CAVERLY.
Eh bien, ce portrait-là n'est pas sans ressemblance.

SIR GILBERT.
Vraiment !

ÉDOUARD.
Il en convient.

MORTINS, à Caverly, en s'asseyant.
A votre tour !

CAVERLY, qui se lève.
Silence !
Mortins a le cœur pur, l'esprit vif, le sens droit...

MORTINS.
C'est le bien pour le mal.

CAVERLY.
Ce qu'il dit, il le croit ;
Mais, quand pour le progrès son démon le transporte,
L'imagination sur son bon sens l'emporte.
Comme il n'a pas failli, vu qu'il n'a pas vécu,
De ne faillir jamais il est très-convaincu.
Aussi pour l'âge mûr sa jeunesse est hautaine,
Et ceux qui, par malheur, passent la quarantaine,
Au néant, selon lui, trop heureux de rentrer,
N'ont plus par point d'honneur qu'à se faire enterrer.

MORTINS, en riant.
Penser cela de vous, ah, fi ! j'en aurais honte.

CAVERLY.
Et vous le penseriez que je n'en tiendrais compte.
Je porte fort gaîment mes cinquante ans passés,
Et prendrai le surplus sans jamais dire : Assez !

Je poursuis...
ÉDOUARD.
Non.
CAVERLY.
Mortins à parler m'autorise,
Et, si je suis trop long, pensez que j'improvise.
Selon lui, je possède et j'ai peur ; j'en convien :
Pour qu'il ait peur aussi, que lui faut-il ? mon bien.
En révolution il s'est fait sa limite ;
Mais qui court dans ce sens bientôt se précipite.
Le meilleur va plus loin qu'il ne croyait aller,
Et peut-être Mortins verrait, sans se troubler,
Tout le corps social, battu par la tempête,
Rouler la tête en bas... s'il lui laissait la tête.
Chacun, ayant la sienne et voulant la garder,
Tient qu'avant de détruire il y faut regarder,
Et se souvient encor, prudemment monarchique,
Qu'on vit le peuple anglais en pleine république,
Retombant sous le joug de toute sa hauteur,
Changer un doux tyran pour un dur protecteur.
MORTINS, qui se lève.
Et je réponds...
ÉDOUARD, vivement.
La chambre est assez éclairée.
SIR GILBELT.
L'ordre du jour!
CAVERLY.
Eh bien, parlons de la soirée
(En montrant Édouard.)
Offerte à notre ami.
ÉDOUARD.
Comment ?
CAVERLY.
Dans ce banquet,
Où de nos opposants pas un seul ne manquait,
A-t-il dit certains mots que certain journal cite ?
ÉDOUARD.
Le journal de Godwin ? Non.
SIR GILBERT.
Je t'en félicite.
MORTINS.
Pourquoi?

CAVERLY.
Voyez :
(Citant de mémoire.)
... « L'excès de l'oppression nous affranchit désormais de l'obéissance...
... « Le peuple a crié trop longtemps, qu'il agisse! »

SIR GILBERT.
Cela me paraît imprudent.

CAVERLY.
Surtout lorsqu'on s'agite au nom du Prétendant.

MORTINS.
Toujours le Prétendant! Eh ! que peut pour sa cause,
Avec quelques Français, cette lady Montrose,
Qui, courant les châteaux et les clans montagnards,
Se perd comme une fée au milieu des brouillards.

CAVERLY.
Que la noble lady soit ou sorcière ou fée,
La flamme qu'elle attise est loin d'être étouffée.
Mais revenons au fait : Godwin a mal cité.

SIR GILBERT.
J'en suis ravi.

ÉDOUARD.
Godwin, dire la vérité !
Le peut-il ? Au trésor employé sous Walpole,
Des diffamations il eut le monopole ;
Et pour quelques méfaits justement supprimé,
Tranchant de l'homme libre, il s'est dit opprimé.
Il flagorne aujourd'hui ceux qu'il couvrait de boue,
Salit de son encens la liberté qu'il loue ;
Le tout, pour un parti qui se travaille en vain
A prêcher l'anarchie au nom du droit divin.

CAVERLY.
Le démentirez-vous ?

ÉDOUARD, montrant un papier sur une table.
Certe, et voici ma lettre :
Dans ta feuille aujourd'hui, Mortins, tu vas la mettre.

MORTINS.
A quoi bon t'excuser? le public te connaît.

CAVERLY.
On ne peut trop, monsieur, paraître ce qu'on est.

L'avis de sir Gilbert !

SIR GILBERT.

Mon fils le sait d'avance :
Je suis pour la droiture en toute circonstance.
(Bas à Caverly.)
Demain...

CAVERLY.

Comptez sur moi.

SIR GILBERT.

Je vous laisse.
(A Édouard, qu'il prend à part, en s'en allant.)
A propos,
Monsieur l'homme d'État qui me grevez d'impôts,
J'ai tant payé pour vous que je suis sans ressource ;
Comme celle du peuple il faut traiter ma bourse.
(L'arrêtant.)
Reste.

ÉDOUARD.

Je vous conduis.

SCÈNE IV.

CAVERLY, MORTINS.

CAVERLY.

Pour moi, je veux savoir
Quel avis, ce matin, vous donnez au pouvoir.
Un article de vous vaut bien qu'on se recueille,
Et je vais là dedans lire en paix votre feuille.

MORTINS.

Quel honneur !

CAVERLY.

Je le fais très-régulièrement.

MORTINS.

Pour votre instruction ?

CAVERLY.

Pour ma santé.

MORTINS.

Comment ?

CAVERLY.

Le docteur Walsingham m'en prescrit la lecture :

J'y suis parfois en butte à plus d'une piqûre,
Et, comme le café qui rend le sang plus vif,
C'est après mon repas un très-bon digestif.

SCÈNE V.

MORTINS, *seul*.

Exerce à nos dépens ta froide raillerie ;
D'autres cœurs que le tien battent pour la patrie :
Son jour vient !... Mais, là-bas, quand tout sert nos projets,
A l'insu d'Édouard, quand nos amis sont prêts,
Et vont remplir ici l'espoir qui me tourmente,
Souffrir que par sa lettre Édouard se démente,
C'est de son nom pour eux ternir la pureté,
C'est salir leur drapeau.

SCÈNE VI.

MORTINS, ÉDOUARD.

ÉDOUARD.
Caverly t'a quitté ?

MORTINS.
Pourquoi donc m'inviter avec ce personnage ?

ÉDOUARD.
Je voulais rire un peu.

MORTINS.
Doit-on rire à ton âge ?

ÉDOUARD.
A trente ans !

MORTINS.
A vingt-cinq, moi, je sens qu'on est vieux :
Nos successeurs déjà nous poussent devant eux ;
C'est en courant qu'on vit dans le siècle où nous sommes,
Et les événements y dévorent les hommes.
Tu parles ce soir ?

ÉDOUARD.
Oui.

ACTE I, SCÈNE VI.

MORTINS.
    Dans deux jours, au convoi,
Tu parleras sans doute?

    ÉDOUARD.
    Encor moi !

    MORTINS.
        Toujours toi.
C'est à toi qu'appartient l'opinion publique :
Qui l'occupe te vole.

    ÉDOUARD.
      Ardente politique !
Jour et nuit, mes instants sont par elle envahis.

    MORTINS.
Eh bien, meurs à la peine et sauve ton pays.
Chaque jour il t'honore, il t'enrichit... J'y pense :
Cette terre, Édouard, ta juste récompense,
Elle est à toi ; pourtant...

    ÉDOUARD.
    Achève.

    MORTINS.
       Selon moi,
On s'est un peu pressé de te l'offrir.

    ÉDOUARD.
       Pourquoi?

    MORTINS.
Les affaires d'argent ne sont pas terminées.

    ÉDOUARD.
Qu'est-ce à dire ?

    MORTINS.
   Il s'en faut de sept mille guinées.

    EDOUARD.
Me voilà ridicule.

    MORTINS.
   Eh ! non.

    ÉDOUARD.
     Je le devien.

    MORTINS.
On trouvera les fonds.

    ÉDOUARD.
    Qui donc?

MORTINS.
Toi.
ÉDOUARD.
De mon bien
Tu veux qu'en mon honneur aujourd'hui je souscrive ?
MORTINS
Pourquoi donc pas ? la terre est belle, productive,
Et te rendra, mon cher, dix fois tes capitaux.
ÉDOUARD.
Mais je l'ai, cette terre, offerte aux hôpitaux.
MORTINS, se jetant dans ses bras.
C'est noble.
ÉDOUARD.
Désastreux.
MORTINS.
Que je t'embrasse encore !
ÉDOUARD.
Votre don m'appauvrit.
MORTINS.
Pauvreté qui t'honore !
ÉDOUARD.
Va m'endetter.
MORTINS.
Je veux t'embrasser de nouveau.
Beau trait !
ÉDOUARD.
Qui me ruine.
MORTINS.
Il n'en est que plus beau.
Voilà de ces vertus qu'on admirait dans Rome.
ÉDOUARD.
Laisse-là les Romains et prête-moi la somme.
MORTINS.
Que ne l'ai-je, Édouard ! je te la donnerais,
Tu le sais ; mais ma plume a beau se mettre en frais,
L'enthousiasme est grand et l'argent toujours rare.
Thomas Goff, le brasseur, est du sien moins avare :
Que ne ferait-il pas pour toi, son député,
Toi son élu, sa gloire et sa propriété !
Toujours prêt à boxer qui veut te contredire,
Il a l'air d'avoir dit ce que tu viens de dire.

ACTE I, SCÈNE VI.

Il prêtera l'argent.
ÉDOUARD, avec dépit.
Fais ce que tu voudras,
Et que tout soit fini lorsque tu reviendras.
MORTINS.
J'y cours.
ÉDOUARD, le rappelant.
Eh bien, ma lettre ?
MORTINS.
A dessein je l'oublie.
ÉDOUARD.
Pour mon honneur, Mortins, je veux qu'on la publie.
MORTINS.
Et c'est pour ton honneur que je ne le veux pas :
Il a peur, dira-t-on, et revient sur ses pas.
ÉDOUARD.
On ne pourra le croire.
MORTINS.
On le rendra croyable.
ÉDOUARD.
Misérable Godwin !
MORTINS.
Soit, mais ce misérable
A des armes, dit-il, contre ton père et toi.
ÉDOUARD, mettant la lettre dans la main de Mortins.
Raison de plus : moi, craindre un ennemi sans foi !
MORTINS.
C'est vrai.
ÉDOUARD.
Sans nom.
MORTINS.
D'accord.
ÉDOUARD.
Sans talent.
MORTINS.
Qui le nie ?
Mais pour calomnier faut-il donc du génie ?
ÉDOUARD.
Tiens, la presse, Mortins, est le plus beau des droits
Qu'on puisse en honnête homme exercer sous les lois ;
Des franchises de tous protectrice vivante,

Du faible elle est l'espoir, du puissant l'épouvante.
Honneur à l'écrivain qui dit la vérité
Au pouvoir menaçant comme au peuple irrité,
Les juge en souverain sans faveur et sans crainte!
Car sa magistrature est périlleuse et sainte.
Mais je ne connais pas de moyen plus fatal
Que l'abus d'un tel bien pour consommer le mal,
Et je méprise moins le voleur dont l'adresse,
Dans l'ombre se cachant, à ma bourse s'adresse;
Il est moins vil pour moi que l'obscur intrigant
Qui, fort d'un droit sacré dont il use en brigand,
Se cache aux yeux des lois dans son ignominie,
Pour me voler l'honneur par une calomnie.

MORTINS.

Pourquoi donc t'abaisser, mon cher, en démentant
Un de ces êtres vils que tu méprises tant?
Descendre à son niveau! le dois-tu? Non ; diffère.
Raisonne avant d'agir : qui vas-tu satisfaire?
Ces froids approbateurs, muets dans nos débats,
Qui, même en admirant, ne parlent que tout bas!
Et tu blesses, qui? ceux dont la voix incisive
Mord sur l'opinion, la tue ou la ravive.
Les mots qu'on t'a prêtés ne t'ont pas compromis,
Et, sans t'en ôter un, te font beaucoup d'amis.
Si quelqu'un devant toi condamne ce langage,
Dis qu'il n'est pas le tien.

ÉDOUARD, vivement.
Je le ferai.
MORTINS.
C'est sage ;
Mais laisse en paix les gens à qui le discours plaît.
Moi qui l'ai, dans ma feuille, approuvé tel qu'il est,
Puis-je me réfuter pour prendre ta défense?
Non ; ce qu'on t'a fait dire, Édouard, je le pense.

ÉDOUARD.
C'est un tort.
MORTINS.
A tes yeux; aux miens, et j'y vois clair,
Se démentir...
ÉDOUARD.
Mortins!

MORTINS.
Ou même en avoir l'air,
C'est là le tort réel, le tort irréparable ;
Car l'homme qu'on croit faible, on le juge incapable.
ÉDOUARD.
Mais Godwin saura-t-il jusqu'où va mon mépris?...
MORTINS.
Par moi.
ÉDOUARD.
Pour sa personne ainsi que ses écrits?
MORTINS.
Sans doute.
ÉDOUARD.
Saura-t-il que je tiens pour outrage
Tout éloge de lui?
MORTINS.
Voilà du vrai courage !
ÉDOUARD.
Et tu le lui diras?
MORTINS.
Oui, je le lui dirai ;
Mais quant au désaveu?...
ÉDOUARD.
Différé.
MORTINS, qui met la lettre en pièces.
Déchiré.
ÉDOUARD.
Au fait, c'était descendre.
MORTINS.
Adieu donc, je te quitte :
Le bruit de ce carrosse annonce une visite.
ÉDOUARD, qui s'est approché de la fenêtre.
C'est lord Derby.
MORTINS.
Qui vient te demander ta voix.
Sais-tu qu'en le nommant tu ferais un bon choix?
EDOUARD.
Vos deux opinions sont loin d'être les mêmes.
MORTINS.
Pas si loin que tu crois:

ÉDOUARD.

Ah! j'entends : les extrêmes...

MORTINS.

Se touchent, tu dis vrai. Vers moi qu'il fasse un pas,
J'en ferai deux vers lui : ne le rebute pas.

ÉDOUARD.

Je vote pour Nelbroun.

MORTINS.

Quoi! pour notre adversaire!

WILLIAM, annonçant.

Lord Derby.

SCÈNE VII.

LES PRÉCÉDENTS, LORD DERBY.

LORD DERBY, à Édouard.

Recevez mon compliment sincère ;
Le discours qu'au banquet vous avez prononcé
Sur un terrain nouveau vous a vraiment placé :
C'est un pas...

ÉDOUARD.

Vantez moins quelques phrases d'usage.

LORD DERBY.

Un acte.

ÉDOUARD.

Moins que rien.

LORD DERBY.

Surtout ce beau passage.

ÉDOUARD.

Lequel?

LORD DERBY.

Celui...

MORTINS, en saluant

Milord est un juge excellent.

LORD DERBY, de même.

Monsieur Mortins, je crois... deux rivaux de talent,
Qui de l'opinion se partagent l'empire!
L'un parle, l'autre écrit, et l'Angleterre admire.

(A Mortins.)

Suivez donc votre ami parfois dans mon salon.

MORTINS

Je l'y suivrai, milord.

LORD DERBY.
Seriez-vous assez bon
Pour y venir ce soir?
MORTINS.
Dès ce soir.
LORD DERBY.
Et peut-être
Vous devancerez l'heure où la foule y doit être?
MORTINS, qui s'incline pour sortir.
Je saurai mériter l'honneur que je reçois.
LORD DERBY, qui s'incline plus bas.
Vous vous moquez, monsieur, tout l'honneur est pour moi.

SCÈNE VIII.

ÉDOUARD, LORD DERBY.

LORD DERBY.
Par le vol qu'elle a pris la jeunesse m'étonne;
Et sa gloire, c'est vous.
ÉDOUARD.
Parlons d'une personne
Qui m'occupait, milord, bien plus que mes succès.
Vous avez deviné celle à qui je pensais.
Quand la reverrons-nous? bientôt? vous l'écrit-elle?
LORD DERBY.
Toujours, cher Édouard, aussi tendre que belle,
Parlant toujours de vous, mais ne me disant rien
De ce prochain retour, votre espoir et le mien !
Vous savez de quel œil je vois cette alliance?
ÉDOUARD.
Quels droits n'avez-vous pas à ma reconnaissance !
LORD DERBY.
Tout, près d'un bien si cher, m'est presque indifférent.
Cependant en ami, je puis dire en parent,
Je viens vous rappeler qu'on me veut pour lord-maire.
On me veut, c'est le mot; dois-je me laisser faire?
Certe il n'est point de voix dont je fasse mépris;
Une seule à mes yeux est pourtant d'un grand prix,
La vôtre : cher neveu, tirez-moi de mes doutes;
Je consens, pour l'avoir, à les accepter toutes.

ÉDOUARD.

Puis-je savoir, avant de débattre ce point,
Si le serment, milord, ne vous arrête point?

LORD DERBY, plus froidement.

Sur le serment, monsieur, chacun a sa doctrine ;
La conscience alors est ce qui détermine.
En refusant le sien, mon père agit, je crois,
Moins en homme d'État qu'en martyr de ses rois ;
Car, bien qu'un tel refus soit un acte héroïque,
Il vous rend inutile à la chose publique.
Or, tous les citoyens lui devant leur concours,
Puis-je la priver, moi, de mes faibles secours ?
Pour le gouvernement j'ai peu de sympathie ;
Mais il existe enfin : loin de prendre à partie
Un fait qu'il faut subir, je tiens qu'un homme droit
Peut accepter le fait sans admettre le droit.
Tranquille sur le but que mon cœur se propose,
Une formalité me semble peu de chose,
Et, la fin, dans ce cas, excusant le moyen,
Je redeviens sujet pour être citoyen :
Le tout avec réserve ! Un serment politique,
Qu'est-ce ? un pacte obligé, que... certain cas critique
Peut jusqu'à... certain point rompre... en certain moment,
Et qui n'engage pas comme un autre serment.

ÉDOUARD.

Milord me permettra de penser le contraire :
Ce qui touche à l'honneur ne peut être arbitraire,
Et, dût-il nous coûter, s'il est fait librement,
Un serment politique est toujours un serment.
Le prononce qui veut, et qui veut le refuse,
Partant qui le trahit me paraît sans excuse.
C'est tuer les devoirs que les interpréter ;
Leur ascendant moral ne saurait exister
Avec ces faux-fuyants, avec ces différences
Qui feraient qu'un même homme aurait deux consciences,
Et que l'homme public agirait sans rougir
Comme l'homme privé serait honteux d'agir.
Il n'est point d'acte alors qui restât condamnable,
Point d'attentat hideux, de crime abominable,
Qu'en le sanctifiant l'intérêt n'ordonnât,

Et tout serait vertu jusqu'à l'assassinat.
Laissons donc aux devoirs leur rigueur despotique :
Ni liberté, ni lois, sans probité publique !
Quand l'élu du pays ne s'est point parjuré,
Il doit dormir en paix sur ce que j'ai juré ;
C'est par respect pour moi que j'y reste fidèle :
Et je ne comprends pas qu'une foi solennelle,
Échangée avec lui devant Dieu, devant tous,
Soit un contrat moins fort, un nœud moins saint pour nous,
Que la foi qu'un joueur engage à qui le vole
Dans un tripot de Londre en perdant sur parole.

LORD DERBY.

J'aime à vous voir, Lindsey, le prendre sur ce ton ;
C'est de la loyauté ! mais, je crois...

ÉDOUARD, à William qui entre.

Que veut-on ?

WILLIAM.

Monsieur m'excusera : cette lettre est pressée.

ÉDOUARD.

Sortez.

LORD DERBY.

Que vous avez mal compris ma pensée...

ÉDOUARD, jetant les yeux sur la lettre.

O ciel !

LORD DERBY.

Et si...

ÉDOUARD, à part.

C'est d'elle.

LORD DERBY.

Et si vous m'écoutez...

Mais lisez donc, lisez.

ÉDOUARD.

Vous me le permettez?

LORD DERBY.

Je l'exige au besoin.

ÉDOUARD, ouvrant la lettre.

Que vois-je !

(Lisant.)

« J'arrive à Londres. Je passerai une heure chez ma vieille
« tante lady Martha. Je voudrais que ma première entre-
« vue avec Édouard n'eût qu'elle seule pour témoin. Il a le

« choix de me revoir chez elle dans l'intimité, mais à l'in-
« stant même; ou ce soir, chez lord Derby, avec tout le
« monde. Qu'il vienne donc, si ses graves affaires le lui per-
« mettent, et s'il a encore quelque chose à dire à son amie
« d'enfance,

« JULIA. »

(A part.)
Elle est ici !
Milord me le cachait ou l'ignorait aussi.

LORD DERBY.
Ce billet vous émeut?

ÉDOUARD.
J'en conviens.

LORD DERBY.
Une affaire
Vous réclame?

ÉDOUARD.
Il est vrai.

LORD DERBY.
Hâtez-vous de la faire :
Le pays avant tout.

ÉDOUARD.
Je vous reconnais là.

LORD DERBY, le retenant.
Or, ma position, en deux mots, la voilà :
Si j'obtiens votre voix...

ÉDOUARD.
Observez, je vous prie,
Que...

LORD DERBY.
Vous devez d'abord songer à la patrie.
Allez !

ÉDOUARD.
Je suis confus.

LORD DERBY.
Ne vous gênez en rien :
Que l'intérêt public l'emporte sur le mien,
C'est trop juste.

ÉDOUARD, appelant.
William !

LORD DERBY, le retenant de nouveau.
Ainsi donc, pour conclure,

ACTE I, SCÈNE IX.

Sûr d'avoir votre voix...

ÉDOUARD.
(A lord Derby.) (A William.)
Pardonnez. Ma voiture !

LORD DERBY.

Eh non ! la mienne est là : je vous mène avec moi.

ÉDOUARD.

Impossible !

LORD DERBY.

D'où vient ?

ÉDOUARD.

J'abuserais...

LORD DERBY.
En quoi ?

Libre, je peux, Lindsey, vous mettre où bon vous semble,
Et d'intérêts publics nous causerons ensemble.

ÉDOUARD.

Non, je ne puis...

LORD DERBY.

Venez !

SCÈNE IX.

LES PRÉCÉDENTS, MORTINS.

MORTINS, à Édouard.
J'accours pour t'avertir...
(Saluant lord Derby.)
Milord !...
(A Édouard.)
Que de ta rue on ne peut plus sortir.
Le peuple encombre tout. Ta conduite honorable
Excite les transports d'une foule innombrable.
Jamais discours de toi n'eut un succès pareil :
La Cité vient en masse avec tout l'appareil
D'un jour d'élection, l'éclat d'un jour de fête ;
Rayonnant de fierté, Thomas Goff marche en tête,
Car de te haranguer il se fait un bonheur.
Et ce sont des hourras poussés en ton honneur,
C'est un chorus d'ivresse, un tumulte, un délire,
C'est un enthousiasme impossible à décrire.

ÉDOUARD.

Reçois-les.

MORTINS.

A ta place ! ils s'en offenseront.
As-tu donc résolu de leur faire un affront ?

ÉDOUARD.

Milord, qui m'excusait, sait qu'il faut que je sorte.

LORD DERBY.

C'est vrai.

MORTINS.

Je les entends, ils sont presque à ta porte ;
Tu ne le peux.

ÉDOUARD.

Si fait !

LORD DERBY.

Je l'emmène.

EDOUARD.

Non pas !

MORTINS.

Comme je pense à tout, j'ai donné l'ordre en bas
A tes gens rassemblés de se mettre en campagne,
Pour préparer le rhum, le rack et le champagne.

ÉDOUARD.

Je te dis...

SCÈNE X.

LES PRÉCÉDENTS, CAVERLY.

CAVERLY, qui entre en se frottant les yeux, et le journal de Mortins à la main.

Quel vacarme autour de la maison !
(A Mortins en lui montrant son journal.)
Tenez ; j'étais tout près de vous donner raison.

MORTINS.

Vous !

CAVERLY.

En rêve.

MORTINS.

Ah ! j'entends.

CAVERLY.

Et voilà qu'on m'éveille :
Vous parliez de champagne et j'ai prêté l'oreille.

Qu'est-ce?... une ovation!
ÉDOUARD.
Je pars et je reviens.
CAVERLY, l'arrêtant par le bras.
Arrêtez! vos amis sont loin d'être les miens :
Je ne veux pas, sans vous, recevoir leur visite.
Respect au droit des gens qu'à sa table on invite !
Chez vous je suis venu sur la foi des traités,
Et me cramponne à vous, mon cher, si vous sortez.
EDOUARD.
Mais c'est un fait exprès.
LORD DERBY.
Les voici !

SCÈNE XI.

LES PRÉCÉDENTS, THOMAS GOFF; ADMINISTRATEURS DES HOSPICES; CHEFS DE MÉTIERS, D'ATELIERS, ETC.

THOMAS GOFF, à Édouard.
Par saint George !
Si l'attendrissement ne me prend à la gorge,
Je vous en dirai long : c'est un trait, voyez-vous...
Un trait, mon député!... quoi ! nous en pleurions tous.
Dieu sait si nous avons épargné les rasades !
Laissons cela : le fait, c'est qu'au nom des malades...
Et ne parlait-on pas de vous les apporter ?
Mais quelqu'un d'eux en route aurait pu déserter...
Le fait est que je viens, en leur nom comme au nôtre,
Non pas chez l'orateur... et pourtant plus qu'un autre,
Je crie : Honneur et gloire aux défenseurs des lois !
Car nos élus sont là pour protéger les droits,
Tous les droits, hormis ceux dont l'abus nous opprime ;
Ainsi sur les boissons il faut qu'on les supprime...
Mais ce n'est pas la chose : au nom de la Cité,
Le fait est que je viens... je viens, mon député,
Pour vous dire en son nom que je... que nous... en somme
Que... ma foi ! touchez là, vous êtes un brave homme.
ÉDOUARD.
De grand cœur, mon cher Goff !

THOMAS GOFF.

        M'en suis-je bien tiré ?

ÉDOUARD.

Au mieux.

THOMAS GOFF.

    Et je n'avais pourtant rien préparé.

CAVERLY.

Quoi ! rien ?

THOMAS GOFF.

    Foi d'orateur !

MORTINS.

        Vous parlez à merveille.

THOMAS GOFF.

Eh ! pas trop mal, mon brave. En rencontre pareille,
Un autre eût écrit ; moi, j'improvise toujours :
    (Montrant Édouard.)
Aussi, c'est qu'on se forme en lisant ses discours.

ÉDOUARD, à la députation.

Mes excellents amis !

THOMAS GOFF.

        Je suis, et je m'en pique,
Son père, entendez-vous ? son père politique :
Je suis son électeur, s'il est mon député,
Et s'il parle pour moi, pour lui, moi, j'ai voté.

ÉDOUARD, à Thomas Goff, en faisant un pas pour sortir.

Vous m'excusez : un soin d'une grave importance...

THOMAS GOFF, qui le retient.

Point d'affaires !
    (A lord Derby.)
    Bonjour, milord, et bonne chance !

LORD DERBY, qui s'incline.

Monsieur Goff !

THOMAS GOFF.

        Comme lui, touchez-moi dans la main.
Le peuple vous estime, et vous verrez demain
Qu'en fait d'élection je suis un honnête homme ;
Mais si mon député me permet que je vous nomme.

ÉDOUARD, à part, avec impatience.

L'heure passe.
    (Plusieurs domestiques, portant des plateaux, parcourent les
                groupes.)

ACTE I, SCÈNE XI.

MORTINS, à Thomas Goff
　　　　Le punch est-il de votre goût ?

THOMAS GOFF.
Certes, quand il est bon.

MORTINS, aux domestiques.
　　　　Qu'il circule partout ;
Offrez !...

THOMAS GOFF.
　　La bière aussi ; nous la boirons sans honte.

CAVERLY.
Et monsieur le brasseur y trouvera son compte.

THOMAS GOFF.
Vous nous raillez, je crois, monsieur du parlement ?
Car je vous connais bien.

CAVERLY.
　　　　Merci du compliment !

THOMAS GOFF.
En est-ce un par hasard ?

ÉDOUARD, à Thomas Goff.
　　　　Songez qu'il est mon hôte !

THOMAS GOFF.
Je ne m'attendais pas à vous voir côte à côte.

MORTINS.
Et que tout opprimé, quel que soit l'oppresseur,
Quand je suis quelque part y compte un défenseur.

THOMAS GOFF.
Là ! ne nous fâchons point ; mais que le ministère
Boive au premier des lords de toute l'Angleterre !

LORD DERBY, saluant.
Vous me comblez !

THOMAS GOFF.
　　　　Pardieu, ce n'est pas vous, milord !

MORTINS.
Qui donc ?

THOMAS GOFF.
Le peuple.

MORTINS.
　　　　Au fait !...

CAVERLY.
　　　　C'est du moins le plus fort.

9

THOMAS GOFF.
A lui vous allez boire, ou le ciel me confonde !
CAVERLY.
Mon très-cher monsieur Goff, je bois à tout le monde.

THOMAS GOFF, ainsi que tous ceux qui sont présents.
A la santé du peuple !
CAVERLY.
A sa santé !
MORTINS, à Caverly, en riant.
Bravo !
CAVERLY, à Mortins.
C'est urgent, car il a le transport au cerveau.
THOMAS GOFF, entraînant Édouard vers la fenêtre.
Parlez-leur !
(Au peuple qui pousse des hourras à la vue d'Édouard, et l'interrompt par ses cris toutes les fois qu'il veut parler.)
Taisez-vous !
ÉDOUARD, à la fenêtre.
Mes chers amis...
THOMAS GOFF, furieux.
Les diables !
ÉDOUARD.
Je suis...
THOMAS GOFF.
Vit-on jamais des enragés semblables ?
ÉDOUARD.
Je suis touché...
THOMAS GOFF.
Sur eux j'ai perdu mon crédit ;
(A Mortins.)
Mais vous imprimerez tout ce qu'il aurait dit.
ÉDOUARD, à Thomas Goff.
Il faut y renoncer.
(On jette par les fenêtres des couronnes et des branches de laurier.)
THOMAS GOFF.
Couronne sur couronne !
Encor ! toujours !
ÉDOUARD, à Thomas Goff.
Pardon, si je vous abandonne ;
Ma voiture m'attend.

ACTE I, SCÈNE XI.

THOMAS GOFF, vivement.
Avec vous nous irons.

ÉDOUARD.
Mais...

THOMAS GOFF.
Nous vous conduirons.

ÉDOUARD.
J'ai...

THOMAS GOFF.
Nous vous traînerons.

ÉDOUARD.
Promis...

THOMAS GOFF.
Pour les narguer...

ÉDOUARD.
Que je...

THOMAS GOFF.
Pour les confondre.
Nous vous promènerons aux quatre coins de Londre.

ÉDOUARD, à Thomas Goff.
Mon cher !...

MORTINS, à Édouard.
Descends.

ÉDOUARD.
Mortins !

MORTINS.
Du-moins il faut les voir.

ÉDOUARD, à part.
Quel supplice !

THOMAS GOFF, l'entraînant d'un côté.
Il le faut.

ÉDOUARD, qui cède.
Allons !

MORTINS, l'entraînant de l'autre.
C'est un devoir.

(Ils sortent tous, en poussant des cris, excepté lord Derby et
Caverly.)

SCÈNE XII.

LORD DERBY ; CAVERRLY, *assis près d'un bol de punch brûlant, dont il boit un verre.*

LORD DERBY, qui s'est approché de la fenêtre.
Ils entourent Lindsey : quels transports ! quel tapage !
Les voilà, malgré lui, dételant l'équipage.

CAVERLY, vidant son verre.
Parfait !

LORD DERBY.
Le gros brasseur, ma foi, l'y portera :
Il s'en défend.

LE PEUPLE, en dehors.
Hourra !

LORD DERBY.
Mais c'est en vain.

LE PEUPLE.
Hourra !
Hourra !

LORD DERBY.
Sous les harnais ils trépignaient d'avance,
Et la foule en criant au grand galop s'élance.
(Après une pause.)
Il est beau d'être ainsi traîné par ses égaux.

CAVERLY, en sortant.
Pour aller où je veux j'aime mieux mes chevaux.

ACTE DEUXIÈME.

(Un salon chez lord Derby ; deux portes latérales ; une porte au fond.)

SCÈNE I.

GODWIN, *assis près d'une table;* LORD DERBY, *qui entre.*

LORD DERBY, entouré de plusieurs domestiques, et s'adressant à deux d'entre eux.
Je vous chasse tous deux.

(Au premier.)
Me regarder en face !
(Au second.)
Jusqu'à prendre ce ton pousser chez moi l'audace !
Hors d'ici ! vous, monsieur, pour m'avoir entendu
Sans me répondre, et vous, pour m'avoir répondu.
(Aux autres.)
Ne confondez jamais votre espèce et ma race,
Ou je saurai, d'un mot, vous mettre à votre place,
Sur le pavé, comme eux. Allez !

(Les domestiques sortent.)

SCÈNE II.

LORD DERBY, GODWIN.

LORD DERBY.

Godwin, bonjour ;
Vous m'attendiez ?

GODWIN.

Milord se fâche à son retour ?

LORD DERBY.

Oui, l'opposition gagne mon antichambre ;
Du parlement aussi chacun d'eux se croit membre.

GODWIN.

De notre député milord est mécontent ?

LORD DERBY.

J'ai vu cela tout jeune, et d'un air important
Cela tranche ; cela vous prêche, vous gourmande :
Pour que cela vous porte il faudra qu'on s'amende.

GODWIN.

On vous a mal reçu ?

LORD DERBY.

Non pas précisément ;
Mais on vient m'objecter le devoir, le serment,
Je ne sais quel honneur qu'on cite avec emphase,
Et qui traîne partout.

GODWIN.

Dément-il cette phrase
Que milord avec moi voulut bien rédiger ?

LORD DERBY.

Non ; son honneur, à lui, veut bien s'en arranger.

GODWIN.

Compromettez un peu ces gens à caractère,
Devant l'opinion les voilà ventre à terre !
Nous le ferons marcher ; s'il hésitait encor,
L'aiguillon est tout prêt : en quittant le trésor,
J'ai su par devers moi retenir une lettre
Qui le forcerait bien, milord, à se soumettre.
Il votera pour vous.

LORD DERBY.

        Ce Mortins, au besoin,
M'appuiera près de lui.

GODWIN.

Mortins !

LORD DERBY.

           Vais-je trop loin
En le voyant ?

GODWIN.

J'y rêve.

LORD DERBY.

Est-ce me compromettre ?

GODWIN.

Mais...

LORD DERBY.

Chez moi sans danger je crois pouvoir l'admettre.

GODWIN.

Les choses pour quelqu'un vont si bon train là bas,
Que l'on peut tout oser.

LORD DERBY.

        Non pas, Godwin, non pas !
N'osons rien, s'il vous plaît : je préfère, et pour cause,
Le parti qui recueille à celui qui s'expose.
Le nôtre est patient ; ose qui veut ! pour lui,
Sa gloire est d'hériter de l'audace d'autrui.
Les révloutions sont une grande affaire :
Courageux qui les fait, sage qui les fait faire.
Mortins peut nous servir ; je le crois décidé.

GODWIN.

Lui-même par les siens est déjà débordé.

LORD DERBY.

Qu'en s'unissant d'abord ils fassent table rase,

Et pour les accorder ensuite on les écrase.
GODWIN.
Il sera curieux de voir dans l'entretien
Le régime nouveau traiter avec l'ancien.
LORD DERBY.
Nous signerons la paix en méditant la guerre.
GODWIN.
Va pour Mortins!
LORD DERBY.
Je crois que vous ne l'aimez guère?
GODWIN.
Moi! je n'aime personne... excepté vous, milord.
LORD DERBY, en riant.
Je vous trouve exclusif.
GODWIN.
Je le suis. Ai-je tort?
Quand je criai misère, en arrivant à Londre,
Dans ce désert peuplé, qui daigna me répondre?
Personne : sans me plaindre on me laissa crier.
Quand je cherchai la gloire au fond d'un encrier,
Qui donc prit en souci mon début littéraire?
Personne. Quand le sort, las de m'être contraire,
Pour un modique emploi fit qu'on me trouva bon,
Qui m'y soutint? Personne. Évincé sans raison,
Qui me tendit la main? Personne encor. De rage,
Je rêvai sous le toit de mon troisième étage
Que je faisais fortune en rendant coup pour coup :
Je m'endormis mouton et me réveillai loup.
Pour mordre à belles dents tout fut de mon domaine ;
Je tombai sans pitié sur la sottise humaine,
J'écorchai, déchirai le troupeau des trembleurs :
Guerre ou tribut!... Danseurs, acteurs, auteurs, parleurs,
Pour ses gestes, ses pas, son discours, son volume,
Tout paya : je battis monnaie avec ma plume.
Je fus par les bureaux fêté, doté, renté;
Et ce qu'un brave Anglais, qui pour l'amirauté
S'escrima quarante ans de Plymouth à Surate,
N'a pas comme marin, je l'eus comme pirate.
Mais qui m'a fait mon sort? Personne. Craint de tous,
Qui peut m'aimer? Personne. Or, j'en appelle à vous,

N'ai-je pas cent raisons, dont la moindre est fort bonne,
De n'aimer, n'estimer et n'épargner personne ?
Toujours vous excepté, milord !

LORD DERBY.

C'est convenu.

Mais que me vouliez-vous ?

GODWIN.

Me voilà parvenu
A ce point où l'argent n'est plus que secondaire :
Je veux maintenant...

LORD DERBY.

Quoi ?

GODWIN.

Que l'on me considère.

LORD DERBY.

L'argent vous mène là !

GODWIN.

Soit, quand on en a tant
Qu'à force d'en avoir on devient important ;
Mais quand on ne s'est fait qu'une honnête existence,
C'est de nos amitiés que vient notre importance.
Par vous, pour réussir, je veux être étayé ;
Je vous ai bien servi.

LORD DERBY.

Je vous ai bien payé.

GODWIN.

Payez-moi mieux encor.

LORD DERBY.

Comment donc ?

GODWIN.

En estime.

LORD DERBY.

Je le fais.

GODWIN.

Seul à seul.

LORD DERBY.

Dans mon commerce intime
Je vous admets, Godwin.

GODWIN.

Sans témoins.

ACTE II, SCÈNE II.

LORD DERBY.

Je ne peux
Vous montrer plus d'égards.

GODWIN.

Tête à tête ; et je veux
M'honorer en public de votre patronage ;
Je veux dans vos salons jouer mon personnage ;
Je veux sur mon fauteuil y figurer le soir ;
A table, entre vos lords, chez vous je veux m'asseoir.
Voilà ce que je veux.

LORD DERBY.
Vous me parlez...

GODWIN.

Sans feinte.
La popularité qu'on se fait par la crainte,
Je l'ai. Je tiens sous moi les petits électeurs,
Et pour monter au rang de nos législateurs,
Que me faut-il ? l'appui d'un marquis ou d'un comte.
Poussé d'en bas, d'en haut, j'entre au port, et je compte
Crier tant et si fort, avec ou sans sujet,
Et si bien jusqu'aux os disséquer un budget,
Si bien contre les bills m'en donner à cœur joie,
Qu'un ministre ennuyé, de désespoir, m'envoie
Me gorger de trésors au fond de l'Indostan,
Pour les venir ici digérer en sultan.

LORD DERBY.
Eh bien donc ! tout à vous après notre victoire !

GODWIN.
Dès ce jour ; les vainqueurs ont fort peu de mémoire.

LORD DERBY, avec hauteur.
Godwin !

GODWIN.

Est-il prudent de me répondre : Non ?
Ces pamphlets dont l'esprit fait honneur à mon nom,
Pour les rendre piquants qui m'aide à les écrire ?
Vous : tout autre que moi, milord, pourrait le dire.

LORD DERBY.
Monsieur !

GODWIN.
Ces embarras au pouvoir suscités,

L'or les a fait, sous main, surgir de tous côtés ;
Tout autre, bien instruit qu'il vient de votre bourse,
Pourrait avoir le tort d'en découvrir la source.

LORD DERBY.

Mon cher monsieur !

GODWIN.

Là-bas, votre humble confident
A dans ses intérêts plus d'un correspondant ;
Et pour certain parti, sous le nom de Montrose,
Il sait quel noble sang certaine dame expose.
Je n'avouerai jamais que c'est lady Strafford ;
Mais tout autre que moi pourrait avoir ce tort.

LORD DERBY.

Mon cher ami !

GODWIN, lui prenant la main.

Flatté de ce titre honorable,
Laissez-moi donc me croire assez considérable,
Assez considéré, pour me montrer chez vous.
Votre ami peut prétendre à l'amitié de tous.
A ce soir, mon cher lord !

SCÈNE III.

LORD DERBY, seul.

Mon cher lord !... Qu'il s'y montre,
Et je... Quoi donc ? J'irai moi-même à sa rencontre,
Me confondre humblement en marques d'intérêt :
Il faut tendre la main à qui sait mon secret.
Mais ma nièce, où l'emporte un culte fanatique ?
Les femmes !... Risquer tout, voilà leur politique.
Elle est loin, par bonheur : je respire. Elle ici !
Je craindrais pour ses jours et pour les miens aussi.
Que ne tenterait pas la ferveur de mon zèle ?
Mon Dieu ! du dévouement, j'en prouverai comme elle,
Plus encore au besoin, mais en homme sensé ;
Peu d'abord ; et beaucoup, quand tout sera passé.

(Apercevant lady Strafford qui entre.)

Vous !... Se peut-il ? Qui, vous ! lady Strafford à Londre !

SCÈNE IV.

LORD DERBY, LADY STRAFFORD.

LADY STRAFFORD.
J'ai voulu vous surprendre au lieu de vous répondre.
LORD DERBY.
Mettre les pieds ici dans un pareil moment !
LADY STRAFFORD.
Pour revoir Édouard avant l'événement.
LORD DERBY.
Édouard ! près de lui votre amour vous rappelle?
LADY STRAFFORD.
Ma cause, et mon amour avec elle ou plus qu'elle ;
Qu'importe ? Cet amour n'est-il pas mérité ?
Je l'aime avec excès, je l'aime avec fierté :
Il sera le héros de ma grande entreprise ;
Il va l'être.
   LORD DERBY.
   Ainsi donc nous touchons à la crise ?
LADY STRAFFORD.
Oui, je viens aux Brunswick porter le coup fatal,
Et choisis votre hôtel pour quartier général.
LORD DERBY.
Comment !
   LADY STRAFFORD.
   De m'embrasser me ferez-vous la grâce ?
On conspire, cher oncle, et pourtant on s'embrasse.
LORD DERBY.
Mais tout Londre aujourd'hui se rassemble chez moi ;
Puis-je vous y cacher?
   LADY STRAFFORD.
   M'y cacher ! Et pourquoi ?
LORD DERBY.
Si pour lady Montrose on vient à vous connaître !...
LADY STRAFFORD.
De garder mon secret n'êtes-vous pas le maître ?
LORD DERBY.
Vous n'avez pas dessein de paraître au salon ?

LADY STRAFFORD.
J'en ferai les honneurs, si vous le trouvez bon.
LORD DERBY.
C'est par trop fort!
LADY STRAFFORD.
Pour moi votre amitié s'alarme :
Mais de quoi donc ? J'arrive, et mon retour vous charme ;
C'est naturel : à tous vous l'apprenez ce soir ;
Rien de plus naturel alors que de me voir.
J'entre ; un cercle m'entoure, et l'on me complimente ;
C'est encor naturel : heureuse, on est charmante ;
Et naturellement je le devins ici.
Que de plus naturel, milord, que tout ceci ?
LORD DERBY.
Je suis émerveillé d'une telle assurance.
LADY STRAFFORD.
Soyez, en m'écoutant, radieux d'espérance :
Victoire à nos drapeaux !
LORD DERBY.
Plus bas !
LADY STRAFFORD.
Victoire à lui !
A moi-même !
LORD DERBY.
Plus bas !
LADY STRAFFORD.
Les femmes, aujourd'hui,
Sous l'armure, en champ clos, ne se hasardent guère ;
Mais elles font encor le destin d'une guerre.
Des Campbell, des Ivor, j'ai réchauffé les cœurs ;
Et c'était vaincre aussi que les rendre vainqueurs.
Leurs clans ont triomphé sous le lambeau de soie,
Qui, brodé par mes mains, dans nos rangs se déploie :
Perth a reçu son maître, Édimbourg à genoux
Vient de le proclamer ; chaque jour devant nous
A vu fuir une armée, ou tomber une ville,
Et nos couleurs bientôt flotteront sur Carlile.
LORD DERBY.
Sur Carlile !
LADY STRAFFORD.
Voilà ce que nous avons fait.

ACTE II, SCÈNE IV.

Et vous, de tant d'exploits spectateur satisfait,
Poursuivant sans danger votre douce chimère,
Vous travaillez toujours à devenir lord-maire ?

LORD DERBY.

J'ai mon but.

LADY STRAFFORD.

Vous voulez, le plat d'argent en main,
Offrir les clefs de Londre au nouveau souverain.

LORD DERBY.

Lorsque avec ce présent il me verra paraître,
C'est une attention qu'il voudra reconnaître ;
Mais j'y veux arriver légalement.

LADY STRAFFORD.

Très-bien !
Nous ferons mieux.

LORD DERBY.

Quoi donc ?

LADY STRAFFORD.

Presque rien.

LORD DERBY.

Encor?

LADY STRAFFORD.

Rien.

LORD DERBY.

Expliquez ce qu'au fond votre esprit se propose,
Car rien dans votre bouche est toujours quelque chose.

LADY STRAFFORD.

Vous le saurez bientôt. Parlez-moi d'Édouard ;
Ce soir nous le verrons ?

LORD DERBY.

Toujours lui !

LADY STRAFFORD.

Ce regard,
Qui pénétrait mon cœur, me redira qu'il m'aime.
Pendant ma longue absence il est resté le même ;
Mais non, de ma tendresse il est plus digne encor.
Que son jeune talent a pris un noble essor !
Celui de l'aigle ; il vole, il plane dans les nues.
Lui seul peut devant nous ouvrir les avenues.
Le maître généreux, qu'il sert sans le savoir,
De l'élever bien haut m'a donné le pouvoir.

LORD DERBY.
Il ne m'en a pas moins refusé son suffrage,
Et l'on vote demain.
LADY STRAFFORD.
Que milord nous ménage
Un moment d'entretien...
LORD DERBY.
Dans ce salon ?
LADY STRAFFORD.
Je crois
Pouvoir à son parti conquérir cette voix.
Je veux plus : ce Mortins, son influence est grande ;
N'est-il pas important qu'avec lui je m'entende ?
Il est reçu chez vous ?...
LORD DERBY, à part.
S'ils s'entendent tous deux,
Je suis sur un volcan.
LADY STRAFFORD.
Souvent ?
LORD DERBY.
Non.
LADY STRAFFORD.
C'est fâcheux.
LORD DERBY.
Mais, s'il vient par hasard, restez impénétrable ;
Il a de notre cause une horreur effroyable.
LADY STRAFFORD.
Mes agents...
LORD DERBY, effrayé.
Vos agents ?
LADY STRAFFORD.
J'en ai partout.
LORD DERBY.
Comment ?...
LADY STRAFFORD.
Chez vous, milord ; et tous le jugeaient autrement.
J'avais compté sur lui pour une bagatelle.
LORD DERBY.
Ce rien dont vous parliez ?
LORD STRAFFORD.
La circonstance est telle,

Qu'un petit choc de peuple, entre nous concerté,
Les armes à la main, aurait tout culbuté.

LORD DERBY.

Savez-vous, milady, qu'il y va de la tête
Pour vous?

LADY STRAFFORD.

Bon !

LORD DERBY.

Pour moi-même !

LADY STRAFFORD, tranquillement.

Et cela vous arrête ?

LORD DERBY.

Tout court, et doit, je crois, m'arrêter en effet.

LADY STRAFFORD.

Eh bien, c'est une idée à laquelle on se fait ;
Je dirai mieux, on l'aime : elle émeut. Je conspire !...
Ce grand mot vous rattache aux destins d'un empire.
On a, comme Édouard, sa popularité :
Ce qu'on fait sera su, ce qu'on dit répété ;
Tout semble à vos regards réfléchir votre gloire,
Et, comme dans sa glace, on se voit dans l'histoire.
Je m'y voyais quand, seule et marchant au hasard,
J'errais parmi les clans, sous le plaid montagnard ;
Quand l'écume d'un lac me fouettait le visage,
Lorsqu'aux rochers d'Athol je m'ouvrais un passage,
Sur la bruyère humide à minuit m'égarant,
Mouillant mes pauvres pieds dans les flots du torrent ;
Mais aussi calme alors que sous l'habit de fête
Où j'animais un bal après une conquête,
Et, le front ceint de fleurs, je portais dans mes yeux
De nos derniers exploits l'éclat victorieux.
Vie étrange, milord, mais libre, aventureuse,
Où des malheurs qu'on souffre on se sent presque heureuse,
Où, le matin jamais ne répondant du soir,
Chaque heure a son danger, chaque instant son espoir !
Rêve où le cœur s'exalte, où la tête fermente !
Un vague enivrement qui charme et qui tourmente,
Je ne sais quel attrait plus doux que le repos,
Ardent comme l'amour, se mêle à ce chaos

De sentiments confus, d'émotions rapides ;
Et c'est la volupté des âmes intrépides.

LORD DERBY.

Ne vous y fiez pas : c'est le plaisir des fous ;
Et j'y cours, croyez-moi, moins de danger que vous.
Quand les femmes ainsi tranchent de l'héroïque,
Leur sexe les renie, et le nôtre se pique,
Se venge ; et si leurs jours échappent au bourreau,
Leur réputation reste sur le carreau.

LADY STRAFFORD.

La mienne peut, milord, braver la calomnie,
J'y veille de trop près pour qu'elle en soit ternie ;
Je mourrai sans la perdre, ou plutôt je vaincrai.
C'est le bien d'Édouard, jugez s'il m'est sacré !
Mais je vous quitte, adieu ! j'ai ma toilette à faire ;
Car, même en conspirant, une femme doit plaire,

SCÈNE V.

LORD DERBY, *puis* UN DOMESTIQUE.

LORD DERBY.

Conspirer ! conspirer ! Elle aime ce mot-là.

UN DOMESTIQUE, annonçant.

Monsieur Mortins !

LORD DERBY.

A l'autre ! Au point où me voilà,
Si le pied porte à faux, un gouffre vous dévore,
Et l'on roule déjà, qu'on croit marcher encore.
Tenons-nous bien.

SCÈNE VI.

LORD DERBY, MORTINS.

MORTINS.

J'arrive, et le premier de tous,
Vous le voyez, milord.

LORD DERBY.

Que c'est aimable à vous !
Passons dans les salons.

ACTE II, SCÈNE VI.

MORTINS.
Pour notre conférence,
Veuillez à celui-ci donner la préférence :
Il est plus retiré.

LORD DERBY.
Du mystère ! A quoi bon ?

MORTINS.
Afin d'aller au but.

LORD DERBY.
Mais à quel but ?

MORTINS.
Pardon !
N'en aviez-vous pas un en m'invitant ?

LORD DERBY.
Sans doute :
Le plaisir de vous voir.

MORTINS.
Pas d'autre ?

LORD DERBY.
Moi !

MORTINS.
J'écoute.

LORD DERBY.
J'attends.

MORTINS.
Vous répugnez à faire un premier pas ;
Je vous l'épargnerai.

LORD DERBY.
Je ne vous comprends pas.

MORTINS.
En êtes-vous bien sûr ?... Vous aimez la patrie ?

LORD DERBY.
Comme vous.

MORTINS.
A regret vous la voyez flétrie ?

LORD DERBY.
A regret.

MORTINS.
Vous feriez tout pour changer son sort ?

LORD DERBY, vivement.
Légalement, monsieur !

MORTINS.
Légalement, milord.
LORD DERBY.
Renfermé dans la loi, j'y reste.
MORTINS.
Moi, de même ;
L'intérêt du pays étant la loi suprême.
Ne le pensez-vous pas ?
LORD DERBY.
Bien des gens l'ont pensé.
MORTINS.
Or, dans cet intérêt vous voulez le passé...
LORD DERBY, vivement.
Monsieur !
MORTINS.
Moi, l'avenir : donc le présent nous gêne.
LORD DERBY.
Il m'offre des abus.
MORTINS.
Que je hais.
LORD DERBY.
Qui font peine.
MORTINS.
Nos droits foulés aux pieds.
LORD DERBY.
Je pleure sur nos droits.
MORTINS.
Les hommes qu'on estime éloignés des emplois.
LORD DERBY.
Ils le sont.
MORTINS.
Vous, milord.
LORD DERBY.
Vous, plutôt.
MORTINS.
Je m'efface.
LORD DERBY.
Et moi donc !
MORTINS.
J'en conclus que, pour tout mettre en place,
Il faut déplacer tout.

ACTE II, SCÈNE VI.

LORD DERBY.
Funeste vérité !
Mais sans sortir pourtant de la légalité.

MORTINS.
C'est pour arriver là qu'en toute confiance
Je viens vous proposer un traité d'alliance.

LORD DERBY.
Vous riez ?

MORTINS.
Non.

LORD DERBY.
Si fait.

MORTINS.
Rien n'est plus sérieux.

LORD DERBY.
Vous m'honorez beaucoup.

MORTINS.
Je veux vous servir mieux.

LORD DERBY.
En quoi donc, s'il vous plaît ?

MORTINS.
En vous faisant lord-maire.

LORD DERBY.
Vous, monsieur !

MORTINS.
Moi, milord.

LORD DERBY.
Comment ?

MORTINS.
C'est mon affaire.

LORD DERBY.
Je m'abandonne à vous.

MORTINS.
Mais entendons-nous bien :
Au temps où nous vivons on ne fait rien pour rien.

LORD DERBY.
Comme dans tous les temps.

MORTINS.
La Cité, par exemple,
Devient votre royaume.

LORD DERBY.
Et j'en veux faire un temple

Où réside la loi.
MORTINS.
Sœur de la liberté.
LORD DERBY.
Sœur jumelle.
MORTINS.
J'admets que dans votre Cité.
Un jour d'élection, au cortége funèbre
D'un amiral, d'un lord, d'un orateur célèbre,
Que sais-je? de Névil...
LORD DERBY.
J'y serai.
MORTINS.
Comme nous ;
Et tout homme de cœur y doit être avec vous.
J'admets que pour Névil l'enthousiasme éclate :
L'excès en est permis quand c'est la mort qu'on flatte.
LORD DERBY.
La vertu.
MORTINS.
Le lord-maire y verrait-il du mal ?
LORD DERBY.
Monsieur, l'enthousiasme est légal.
MORTINS.
Très-légal.
L'est-il que la Cité, livrée au ministère,
Reçoive dans son sein la forme militaire ?
Je ne le pense pas ; et vous, milord ?
LORD DERBY.
Ni moi !
MORTINS.
Le bâton du constable est l'arme de la loi.
LORD DERBY.
Dans presque tous les cas.
MORTINS.
Dans celui-ci.
LORD DERBY.
C'est juste.
Mais alors vous craignez qu'à cette fête auguste,
Où Londre en deuil honore un si grand citoyen,
Un trouble sérieux...

ACTE II, SCÈNE VI.

MORTINS.
Oh! moi, je ne crains rien.
LORD DERBY.
Non! Vous croyez?...
MORTINS.
Je cite un exemple entre mille.
LORD DERBY.
Mais probable?
MORTINS.
Possible : ainsi ce vieil asile
Des franchises de Londre, il restera sacré.
LORD DERBY.
Je voudrais réfléchir.
MORTINS.
Soit ; je réfléchirai
Avant d'agir pour vous.
LORD DERBY, vivement.
Névil est mon idole.
MORTINS.
Ah!
LORD DERBY.
C'est un dieu pour moi.
MORTINS.
J'ai donc votre parole?
LORD DERBY.
Engagement secret qui reste entre nous deux?
MORTINS.
C'est dans l'ordre.
LORD DERBY, bas, en lui présentant la main.
Agissez.
MORTINS, lui donnant la sienne.
Même but?
LORD DERBY.
Mêmes vœux.
MORTINS.
Cause commune?
LORD DERBY.
En tout. Silence à toute épreuve!
MORTINS.
Je resterai muet.
LORD DERBY.
Il m'en faut une preuve :

Pas un mot à ma nièce !
MORTINS.
Eh quoi ! lady Strafford...
LORD DERBY.
Est ici ; mais sachez qu'elle hait à la mort
Tous vos amis.
MORTINS.
Et moi.
LORD DERBY.
La haine politique
N'a rien de personnel.
MORTINS.
N'importe, je me pique ;
Et si milord, ce soir, veut bien me présenter,
J'espère en lui parlant...
LORD DERBY.
Ce serait tout gâter,
Tout perdre !
MORTINS.
Je me rends ; mais l'affaire est conclue ;
Du titre de lord-maire, ici, je vous salue.
LORD DERBY.
Déjà !
MORTINS.
(A part.)
Comptez sur moi. Le lord-maire ira loin,
Ou je le briserai.
LORD DERBY.
Je vous prends à témoin
Que j'accepte sans crainte un poste difficile.
(A part.)
Je n'entre en fonction que si tout est tranquille.
MORTINS.
C'est noble à vous.
LORD DERBY.
Silence ! on vient.

SCÈNE VII.

LES PRÉCÉDENTS, CAVERLY.

CAVERLY.
Suis-je indiscret ?

LORD DERBY.
Il faudrait entre nous supposer un secret !
CAVERLY.
Non ; qui donc aujourd'hui prend souci de se taire ?
Je suis bien, quant à moi, revenu du mystère :
Londre en une heure ou deux sait ce qu'on dit tout haut,
Et ce qu'on dit tout bas se sait un peu plus tôt.
MORTINS.
Vraiment ?
CAVERLY.
        On peut citer des traités d'alliance,
Qui, signés sans témoins, étaient publics d'avance :
J'en connais un.
LORD DERBY.
    Quel bruit !
MORTINS.
             Ce murmure flatteur
Nous annonce Édouard.
CAVERLY.
       Oui, le triomphateur.
LORD DERBY.
Allons le recevoir.
CAVERLY.
      Il a fait bon voyage ;
Tant mieux ! je crains toujours qu'un si noble attelage
N'accroche, en les traînant, nos popularités :
J'ai vu mourir ainsi tant d'immortalités.
MORTINS.
La sienne survivra.
CAVERLY.
      Saluez donc la sienne ;
Car le voici !

SCÈNE VIII.

LES PRÉCÉDENTS, ÉDOUARD.

ÉDOUARD.
     Milord, il faut que j'en convienne,
Je me suis d'avec vous séparé brusquement.
LORD DERBY.
Que pouviez-vous, Lindsey, contre un enlèvement ?

CAVERLY.
Rejoignons-nous la foule? à le voir elle aspire.
ÉDOUARD, à part.
Où donc est Julia?
LORD DERBY.
Permettez qu'il respire.
MORTINS.
Lui, fléchir sous le poids des lauriers qu'il obtient !
En fût-on surchargé, ce fardeau vous soutient.
LORD DERBY.
Mais songez que ce soir la chambre le rappelle.
(Bas à Édouard.)
Restez dans ce salon.
ÉDOUARD, de même.
Moi?
CAVERLY.
Sa thèse est si belle,
Que sans se préparer il nous sera fatal.
MORTINS.
C'est qu'il est convaincu que vous gouvernez mal.
CAVERLY.
Et je ne suis pas, moi, convaincu du contraire ;
Mais, si le cabinet succombe dans l'affaire,
Je ne sais, ma foi, plus où diable nous irons.
MORTINS.
Je m'en vais vous le dire : Où nous vous conduirons.
ÉDOUARD, en souriant.
Pas plus loin.
CAVERLY.
Justement, c'est à quoi je m'oppose.
LORD DERBY.
Tandis qu'il se remet de son apothéose,
Veuillez me suivre.
MORTINS.
Un mot, avant de le quitter !...
LORD DERBY, qui le prend par le bras.
Non pas ; à mes amis je veux vous présenter :
J'y mets ma gloire.
CAVERLY.
Allez : il faut qu'il me raconte
Son voyage.

ACTE II, SCÈNE IX.

LORD DERBY, l'entraînant.
Plus tard il vous en rendra compte.
Ma revanche!
CAVERLY.
A l'instant; et nous joûrons gros jeu.
MORTINS, en sortant, à Caverly.
C'est une émotion : vous en avez si peu.

SCÈNE IX.

ÉDOUARD, *puis* LADY STRAFFORD.

ÉDOUARD, qui tombe dans un fauteuil.
D'honneur, je suis brisé! Pour comble d'infortune,
Jamais ovation ne fut plus importune :
Je sais qu'elle m'attend, et je cours la revoir ;
On me saisit; je roule, et dans mon désespoir,
Sans que j'ose arrêter la prison qui m'emporte,
On me fait par trois fois passer devant sa porte!
Mais que m'a dit milord? que je reste ; et pourquoi ?
Veut-il m'entretenir? Non, Julia, c'est toi,
Toi seule; et, je le sens au trouble de mon âme,
Ces travaux où l'orgueil trouve un plaisir de flamme,
Leur charme inspirateur, leurs succès palpitants,
Le cèdent en ivresse à de si doux instants.

LADY STRAFFORD, qui est sortie en grande parure de son appartement, et qui est venue pas à pas, pendant ces derniers vers, s'appuyer sur le fauteuil de Lindsey.
Édouard, est-ce vrai?
ÉDOUARD, qui se lève.
Vous! c'est bien vous!
LADY STRAFFORD.
Oui, celle
Qu'autrefois vous aimiez.
ÉDOUARD.
Que je revois plus belle,
Que j'aime plus encor, que je préfère à tout,
Dont l'ardent souvenir me poursuivait partout.
LADY STRAFFORD.
Le vôtre de mes jours a seul rempli le vide.
Du bruit de vos succès combien j'étais avide !
Que n'aurais-je donné pour en être témoin,

Pour applaudir celui que j'admirais de loin,
Exciter son ardeur, l'enflammer, et me dire :
Il doit à mon amour un peu de son empire !
ÉDOUARD.
Pourquoi donc ce retour si longtemps différé,
Ce silence mortel qui m'a désespéré,
Et qui, mêlant le doute aux ennuis de l'absence,
M'a presque laissé croire à votre indifférence ?
LADY STRAFFORD.
Je ferai cet aveu, je vous le jure ; mais...
EDOUARD.
Parlez.
LADY STRAFFORD.
Vous l'attendrez, sans m'y forcer jamais.
ÉDOUARD.
Vous jouer de ce cœur dont vous êtes maîtresse,
N'est-ce pas abuser de sa folle tendresse ;
Et, fût-il à vos yeux digne de châtiment,
Ne le traitez-vous pas trop rigoureusement ?
LADY STRAFFORD.
Mais j'ai lieu d'être aussi quelque peu mécontente ;
N'avez-vous pas tantôt bien trompé mon attente ?
ÉDOUARD.
Le peuple m'entraînait ; comment le gouverner ?
A notre rendez-vous fallait-il l'amener ?
LADY STRAFFORD.
Non, le peuple est un tiers qui gêne un tête-à-tête ;
Il est beau cependant d'avoir fait sa conquête.
ÉDOUARD.
Vos vœux sont donc comblés : de vous vient mon pouvoir
Contre ceux qu'avec lui je combats par devoir ;
Vous mettez dans ma voix cet accent d'honnête homme
Qui fait pâlir leur front avant que je les nomme ;
Dans mes yeux ces éclairs d'un courroux généreux,
Dans ma parole enfin cet ascendant sur eux,
Qui de nos libertés décident la victoire :
Vous êtes mon talent, mon bonheur et ma gloire.
LADY STRAFFORD.
Si je suis tout cela, je n'ai qu'à demander
Pour obtenir ?

ACTE II, SCÈNE IX.

ÉDOUARD.
J'attends ; vous pouvez commander.
LADY STRAFFORD.
Que mon oncle par vous sur ses rivaux l'emporte.
ÉDOUARD, après une pause.
Je ne puis rien pour lui.
LADY STRAFFORD.
Le vœu public le porte.
ÉDOUARD.
Nous pensons, par malheur, tous deux différemment,
Et ce serait voter contre mon sentiment.
LADY STRAFFORD.
Consentez.
ÉDOUARD.
J'ai promis.
LADY STRAFFORD.
A qui donc ?
ÉDOUARD.
Le temps vole :
A mes devoirs bientôt il faut que je m'immole.
Avant que mon bonheur ne soit qu'un souvenir,
Fixez le lieu, le jour qui doit nous réunir.
Demain, dans cette terre où j'aimai, jeune encore,
Et presque à mon insu, ce qu'aujourd'hui j'adore,
Mon vieux père me fête, et milord y viendra ;
Vous l'y suivrez ?
LADY STRAFFORD.
Sans moi milord vous fêtera.
ÉDOUARD.
Se peut-il !
LADY STRAFFORD.
Comme vous, j'ai promis.
ÉDOUARD.
Votre absence
Viendrait-elle attrister le jour de ma naissance ?
LADY STRAFFORD.
Vous y penseriez peu ; car un grand citoyen,
Quand il a bien voté, ne s'attriste de rien.
Mais qui donc nommez-vous ?
ÉDOUARD.
Nelbroun.

LADY STRAFFORD.

         Lui, qu'on déteste !
ÉDOUARD.

Injustement.
     LADY STRAFFORD.
   Ce choix n'en est pas moins funeste.
L'impopularité qui s'attache à son nom,
Vous la partagerez, vous, mon orgueil ; oh ! non.
Non, quand l'opinion de palmes vous couronne,
Vous ne pouvez vouloir qu'elle vous abandonne.
     ÉDOUARD.
Si pour vous obéir il faut subir sa loi,
C'est elle, milady, que vous aimez en moi.
     LADY STRAFFORD.
Ah ! je n'aime que vous, mais vous irréprochable,
Vous admiré de ceux que votre force accable,
Vous entraînant les cœurs, maîtrisant les esprits,
Au faîte du pouvoir, vous, porté par les cris
D'un grand peuple opprimé que votre voix délivre.
Pardonnez, mon ami, cette gloire m'enivre ;
Je l'aime ; elle a pour moi d'ineffables attraits :
Mais cette gloire enfin, c'est vous ; je ne saurais
La détacher de vous, ni vous séparer d'elle,
Et même en l'adorant je vous reste fidèle.

     ÉDOUARD.
Quels regards, Julia, quels accents enchanteurs !
Si la chambre comptait de pareils orateurs,
Contre leur ascendant qui pourrait se défendre ?
Il faudrait leur céder ou ne pas les entendre.
     LADY STRAFFORD
Aussi vous céderez. Ah ! cédez : savez-vous
Quel poids l'opinion peut donner à vos coups,
Et, quand vous me parlez de la heurter en face,
Ce que peut avec elle accomplir votre audace ?
J'ai mis sur vous l'espoir d'un si noble dessein !...
     ÉDOUARD.
Vous, Julia !
     LADY STRAFFORD.
   D'orgueil il fait battre mon sein :
Qu'il est beau, qu'il est grand ! Édouard, quel théâtre

Il ouvre à ce talent dont je suis idolâtre !
Notre union peut-être en dépend.

ÉDOUARD.

Achevez.

LADY STRAFFORD.

Eh bien, donc...

SCÈNE X.

LES PRÉCÉDENTS, LORD DERBY, THOMAS GOFF.

THOMAS GOFF, en dehors, à lord Derby.

Tout à vous, si vous me le trouvez !

(En entrant.)

Quand j'ai su qu'il était chez Votre Seigneurie,
Je me suis dit : Milord estime l'industrie,
Son salon m'est ouvert ; courons...

(Apercevant Édouard.)

Ah ! le voilà !

ÉDOUARD, à part.

Mais il s'attache à moi.

LADY STRAFFORD, à Édouard.

Quel est ce monsieur-là ?

LORD DERBY, à lady Strafford qui s'incline froidement.

Monsieur Goff, milady, puissant capitaliste !

(Bas.)

Électeur que je place en tête de ma liste.

LADY STRAFFORD, qui, toutes les fois qu'elle parle à Thomas Goff,
jette à Édouard un regard ironique.

Goff... Pardonnez : ce nom me revient maintenant ;
Il a passé les mers. Goff !... Sur le continent
Il n'est bruit que de vous, monsieur Goff.

ÉDOUARD, bas à lady Strafford.

Ah ! méchante !

THOMAS GOFF, radieux.

Le continent me fait un honneur qui m'enchante.

ÉDOUARD.

Que voulez-vous, mon cher ? De grâce, soyez bref.

THOMAS GOFF.

Je venais demander le mot d'ordre à mon chef :
Qui portons-nous ?

LADY STRAFFORD.
Milord.

EDOUARD, à Thomas Goff.
Cette grave matière
Doit se traiter ailleurs.

LORD DERBY.
Indépendance entière !
Ma nièce, gardez-vous d'influencer son choix.

THOMAS GOFF.
Rien que pour ce mot-là vous méritez sa voix.
J'ai péroré pour vous.

LORD DERBY.
Je vous en remercie.

THOMAS GOFF.
Il a tourné le dos à l'aristocratie.
Ai-je dit.

LADY STRAFFORD.
Beau début !

THOMAS GOFF.
Au titre, au rang qu'il a,
Il ne tient pas du tout.

LADY STRAFFORD.
Qui donc tient à cela ?

THOMAS GOFF.
Préjugé ! selon lui.

ÉDOUARD.
Vous allez loin.

LORD DERBY.
Fantôme !

LADY STRAFFORD.
Un riche commerçant vaut un pair du royaume.

THOMAS GOFF.
Que pour une lady vous parlez dignement !
Si les femmes jamais entrent au parlement...

LADY STRAFFORD.
Sur tous les candidats j'aurai la préférence.

THOMAS GOFF.
Oui, quand mistriss Nelbroun vous ferait concurrence.
Pour son très-cher mari qu'on oppose à milord,
Je ne veux pas de lui.

ACTE II, SCÈNE X.

LORD DERBY.
Je le plains.

LADY STRAFFORD.
S'il a tort
Aux yeux de monsieur Goff, je doute qu'on le nomme.

THOMAS GOFF.
Qui donc le nommerait ? il est mort, le pauvre homme !

ÉDOUARD.
Mort !

THOMAS GOFF.
Comme candidat : je ne l'ai pas tué ;
Mais en chœur, grâce à moi, je veux qu'il soit hué...

ÉDOUARD.
Qu'avez-vous fait ?

THOMAS GOFF.
Honni.

ÉDOUARD.
Quoi ! monsieur...

THOMAS GOFF.
Dans l'ornière
Je le crois embourbé de si rude manière...

ÉDOUARD.
C'est un loyal Anglais.

THOMAS GOFF.
C'est l'agent d'Harrington,
C'est son âme damnée...

ÉDOUARD.
A quoi s'expose-t-on
Lorsque d'un tel ministre on soutient le système ?
Sans pouvoir le servir, je me perdrai moi-même.

LADY STRAFFORD.
Et votre cause aussi.

ÉDOUARD.
C'est trop vrai !

LADY STRAFFORD.
Quand mes yeux
S'attendriront demain en revoyant ces lieux
Dont mon cœur dans l'exil a gardé la mémoire,
Que j'aie à vous louer d'une double victoire.

ÉDOUARD.
Vous vous dégagerez ?

LADY STRAFFORD.
Comme vous : le matin,
Vous aurez pour milord fait pencher le scrutin.
ÉDOUARD.
L'ai-je dit?
LADY STRAFFORD.
Ce bonheur est douteux, mais possible,
Et dans une autre lutte où, longtemps invincible,
Vous n'avez de rivaux que vos succès passés,
Nos tyrans, votre voix les aura terrassés.
THOMAS GOFF.
Détruits.
LADY STRAFFORD.
Brisez un joug que vous devez maudire,
(Bas.)
Triomphez d'Harrington ; j'oserai tout vous dire.
ÉDOUARD.
Plein du feu que je porte au combat qui m'attend,
Puis-je à nos libertés faillir en vous quittant?
Pour enflammer les cœurs dont elles vont dépendre,
Le mien dans mes discours n'a plus qu'à se répandre.
Je cours vous le prouver.
THOMAS GOFF.
Je cours de mon côté
Me prononcer pour vous dans notre comité.
LORD DERBY.
Porté par monsieur Goff, je puis tout me promettre.
LADY STRAFFORD.
Honneur à monsieur Goff !
THOMAS GOFF, à lady Strafford.
Si j'osais me permettre
D'offrir ma main...
LADY STRAFFORD, qui, en l'acceptant, lance un dernier
coup d'œil à Édourd.
Appui dont je fais un grand cas,
Monsieur Goff!
(Édouard reste un moment étonné et les suit.)
LORD DERBY, qui les regarde sortir.
Pour monter où ne descend-on pas !

ACTE TROISIÈME.

(Un salon à la campagne, chez sir Gilbert ; au fond, des fenêtres et une porte ouvertes qui laissent voir un parc.)

SCÈNE I.
sir GILBERT, ÉDOUARD.

SIR GILBERT.
Moi ! qu'en vous revoyant dans mes bras je vous serre !
Non ; vous m'avez gâté ce doux anniversaire.
ÉDOUARD.
Croyez...
SIR GILBERT.
  Derby triomphe, et par vous !
ÉDOUARD.
      Dans un choix,
L'intérêt politique est sur nous d'un grand poids.
SIR GILBERT.
C'est une trahison.
ÉDOUARD.
    Ah !...
SIR GILBERT.
      L'excuse à la mode,
L'intérêt politique, est un moyen commode.
Devant moi votre honneur, justement timoré,
Souvent contre Derby sur ce mot s'est cabré ;
Et le voilà votre homme, et ce mot est le vôtre.
Vous faites bien, monsieur, de n'en pas chercher d'autre ;
Quand on le dit en face au public qui le croit,
On peut à poing fermé souffleter le bon droit,
Au mérite, aux vertus, on peut faire avanie
En jetant à l'intrigue un prix qu'on leur dénie ;
Et si quelque vieillard, qui vivait dans son coin,
De ne les pas trahir sent encor le besoin,
Son cœur a beau saigner, l'intérêt politique
Pour lui, comme pour tous, est un mot sans réplique.

ÉDOUARD.

Cette excuse pourtant n'est pas hors de saison :
D'avoir mille vertus Nelbroun a bien raison ;
Mais ses vertus ont tort de heurter tout le monde.
On peut, en honnête homme, à son siècle qu'on fronde
Du haut de son dédain dire la vérité,
Sans être un fanfaron d'impopularité.
Il l'est : le soutenir, c'était faire divorce
Avec ce vœu public dont j'emprunte ma force ;
Et j'ai sacrifié, j'en gémis comme vous,
Les droits sacrés d'un seul aux droits plus saints de tous.
Mon motif, le voilà ; sans rougir, j'en rends compte :
Mais ce qui sur ma joue a fait monter la honte,
Ce qui révolte ici mon honneur indigné,
C'est ce mot trahison, que j'aurais dédaigné
Dans la bouche d'un autre, et qui me désespère
En tombant sur mon cœur des lèvres de mon père.

SIR GILBERT.

Hier, avec quel feu, quel courroux véhément,
Ne vous a-t-on pas vu tonner au parlement !
Votre succès fut grand, immense.

ÉDOUARD.

      Il vous irrite ?

SIR GILBERT.

J'en suis plus fier que vous ; mais contre le mérite,
Les services, l'honneur, contre un choix excellent,
Pour plaire à vos amis, tourner votre talent,
C'est en flétrir l'usage. Oui, monsieur, l'éloquence
Est un mal, quand le mal en est la conséquence :
Celui-là fait le mal, qui prouve éloquemment
Que la raison a tort, que la vérité ment ;
Et dans ce député, qu'à sa honte on renomme,
J'admire l'orateur, mais je méprise l'homme.

ÉDOUARD.

Suis-je cet homme ?
    SIR GILBERT.
    Non. Si vous l'étiez !...
    ÉDOUARD.
          Alors,
Veuillez m'entendre.

ACTE III, SCÈNE I.

SIR GILBERT.
Adieu !

ÉDOUARD.
Modérez ces transports.

SIR GILBERT, qui s'est rapproché d'une fenêtre.
Que vois-je ?

ÉDOUARD.
Où donc ?

SIR GILBERT.
Là-bas, dans ces flots de poussière,
Un cavalier court, vole, et franchit la barrière.

ÉDOUARD.
C'est Mortins.

SIR GILBERT.
Je le fuis.

ÉDOUARD.
Veuillez le recevoir...

SIR GILBERT.
Venez.

ÉDOUARD.
Un seul moment.

SIR GILBERT.
Pas un.

ÉDOUARD.
De ce devoir,
A votre place, au moins, souffrez que je m'acquitte.

SIR GILBERT.
Choisissez entre nous : venez, ou je vous quitte.

ÉDOUARD.
Mais...

SIR GILBERT.
C'est sans moi, monsieur, que vous le recevrez.
Fêtez-les, ces amis qui me sont préférés ;
Vous leur appartenez plus qu'à votre vieux père,
Plus qu'à vous-même. Adieu ; j'emporte ma colère,
Et sous l'ombrage épais où je vais la cacher,
Quand ils le permettront vous viendrez me chercher.

ÉDOUARD.
Je vous suis.
(A Mortins qui entre.)
Attends-moi.

MORTINS.
Reviens.

SCÈNE II.

MORTINS, *seul*.

Une étincelle !
Tout s'enflamme. Au convoi l'occasion est belle ;
Qu'il parle, que par lui le gant leur soit jeté.
Aux armes ! et du choc jaillit la liberté.
Le fera-t-il ?... Du moins, qu'il écrive.

SCÈNE III.

MORTINS, ÉDOUARD.

ÉDOUARD.

Mon père
Me fuit, et de Nelbroun l'échec le désespère.

MORTINS.

Calme-toi.

ÉDOUARD.

J'ai le cœur navré de ses regrets.

MORTINS.

D'abord sois citoyen ; tu seras fils après.
Était-ce le moment de déserter la ville ?

ÉDOUARD

Te voilà furieux pour avoir fait un mille !

MORTINS.

Trois.

ÉDOUARD.

Qu'est-ce que cela ?

MORTINS.

Du temps perdu.

ÉDOUARD.

Quel bruit
Pour une heure qu'on perd !

MORTINS.

Une heure porte fruit ;
Une heure quelquefois comme un siècle est féconde.

ÉDOUARD.

Au fait !

MORTINS.

Nous l'emportons.

ACTE III, SCÈNE III.

ÉDOUARD.
Mais Godwin et son monde
Marchaient sous ton drapeau.

MORTINS.
Dis plutôt sous le tien.

ÉDOUARD.
C'est un mal.

MORTINS.
Rien n'est mal pour arriver au bien.

ÉDOUARD.
Sans eux l'élection avait la même issue.

MORTINS.
Unanime par eux, c'est un coup de massue.

ÉDOUARD.
Pour le ministère ?

MORTINS.
Oui.

ÉDOUARD.
Je puis tout approuver,
S'il en meurt.

MORTINS.
Pour qu'il meure il le faut achever.

ÉDOUARD.
Viens-tu me proposer quelque autre choix semblable ?

MORTINS.
Notre choix d'aujourd'hui pouvait être admirable.

ÉDOUARD.
Comment?

MORTINS.
Sans ton refus nous t'aurions nommé tous.

ÉDOUARD.
C'est un honneur, Mortins, dont j'étais peu jaloux.

MORTINS.
Ne l'étant pas pour toi, pour nous tu devais l'être ;
Mais ce noble fardeau te reviendra peut-être.
Tes collègues sont nuls.

ÉDOUARD.
C'est vrai.

MORTINS.
Si par hasard
Milord à s'installer mettait quelque retard...

ÉDOUARD.
Eh bien ?
MORTINS.
De la Cité tu resterais l'arbitre,
Et serais par le fait ce qu'il est par le titre.
ÉDOUARD.
Mais le contraire est sûr.
MORTINS.
C'est ce qu'il faudra voir :
Tu vas en attendant user de ton pouvoir.
ÉDOUARD.
Comme alderman ?
MORTINS.
Sans doute.
ÉDOUARD.
A ton nouveau lord-maire
Que ne t'adresses-tu ?
MORTINS.
Ton nom m'est nécessaire.
Par quelques mots brûlants et de ta main signés,
Arrache à leurs travaux ces hommes dédaignés,
Mais purs, mais dont la race, injustement flétrie,
De ses mâles sueurs enrichit l'industrie.
Que les marchés déserts, le port, les ateliers,
Sur le pavé, demain, les jettent par milliers ;
Qu'ils viennent de Névil escorter la grande ombre ;
Au convoi triomphal qu'ils viennent par leur nombre
Témoigner de ta force en marchant sur tes pas.
Les puissants font cortége aux puissants d'ici-bas ;
A l'homme vertueux il faut une autre gloire,
C'est tout un peuple en deuil honorant sa mémoire.
ÉDOUARD.
Me réponds-tu, Mortins, de leur recueillement ?
MORTINS.
Leur respect t'en répond, à moins que, s'animant
De l'énergique ardeur que tes accents font naître,
D'en comprimer l'élan leur cœur ne soit plus maître.
Spectacle auguste, alors ! qu'il sera beau de voir
Cette innombrable masse à ta voix s'émouvoir,
Frémir de tes transports, s'embraser de ta flamme,
Et prendre, en t'admirant, une âme dans ton âme !

ACTE III, SCÈNE III.

Tu n'auras plus affaire à tes faiseurs de lois ;
Cœurs glacés que ceux-là ! Non, tu vas cette fois,
Tu vas ressusciter sur la place publique
Les triomphes perdus de l'éloquence antique.
Mais ce n'est pas assez d'exalter la vertu ;
Frappe, écrase le vice à ses pieds abattu.
Ils seront là, couverts de leur deuil hypocrite :
Que sur leur front, par toi, leur honte soit écrite ;
Sous leur vain appareil va les chercher, prends-les.
Livre-les dépouillés aux regards des Anglais ;
Que dans leur nudité le peuple les contemple.
Et faire de leur chute un mémorable exemple,
En te portant au ciel les réduire au néant,
Ne sera plus qu'un jeu pour ses bras de géant.

ÉDOUARD.

Eh quoi ! sur un cercueil des paroles de haine !
Quoi ! profanant des morts le funeste domaine,
Y transporter l'aigreur de nos débats humains :
Quelle arène, Mortins, pour en venir aux mains !
Névil s'indignerait de nous y voir descendre,
Et nos pieds de ton père y fouleraient la cendre.
Dans nos temps sans croyance, où l'on se rit de tout,
Laisse au moins des tombeaux la majesté debout.
Nous devons à Névil un peuple pour cortége ;
Il l'aura ; j'écrirai : mais qu'un mot sacrilége
Dans le séjour de paix troublé par nos discords
Divise les vivants en insultant les morts !
Non ; d'un culte si saint malheur à qui se joue !
Honte à qui peut jeter dans le sang et la boue
Un appel aux partis pour en souiller l'adieu
Que reçoit la vertu qui remonte vers Dieu !
Je dois combattre ailleurs une injuste puissance ;
Là je ne dois parler que de reconnaissance.
Quand un grand citoyen n'a plus rien de mortel,
Pour la patrie en pleurs sa tombe est un autel
Qui réunit les fils sur la cendre des pères,
Et devant un cercueil tous les hommes sont frères.

MORTINS.

Tu vas perdre, Édouard, un triomphe assuré.
Chacun parle, après tout, comme il est inspiré ;

Dis ce qui te plaira, je dis ce que je pense ;
Mais remplis un devoir dont rien ne te dispense.
L'adresse que j'attends n'admet point de retards ;
Rédige-la de verve, écris, signe, et je pars.

ÉDOUARD.

J'y vais.

(Il sort par une porte latérale.)

SCÈNE IV.

MORTINS, *seul*.

Respect d'enfant ! Demain, quoi que tu fasses,
Avec ou malgré toi, nous remuerons les masses :
Sur le pouvoir croulant nous allons les lâcher ;
Elles t'entraîneront. Tu ne veux que marcher,
Tu vas courir. Le fou ! Pourtant sa modestie
Laisse aux mains d'un Derby le sort de la patrie.
Mais l'avoir fait nommer n'est pas un faux calcul :
Nelbroun aurait agi ; lui, je le rendrai nul.
Faisons plus : qu'à son poste il n'ose point paraître ;
De tout, comme alderman, Édouard reste maître...
Oui, que milord s'absente ou ne soit qu'un écho.
Devenons donc pour lui le spectre de Banquo :
Terrible j'apparais avant qu'il se cramponne
A son fauteuil de maire ; et je veux qu'il frissonne,
Je veux... Lady Strafford.

SCÈNE V.

MORTINS ; LADY STRAFFORD, *des fleurs à la main.*

LADY STRAFFORD, *à part, en entrant.*

Monsieur Mortins !

MORTINS, à part.

Ma foi !
J'affronte à tout hasard l'horreur qu'elle a pour moi.

LADY STRAFFORD, à part.

Risquons le tête-à-tête ; après tout il m'importe
De savoir jusqu'où va la haine qu'il me porte.
(A Mortins.)
Mon oncle, qui me suit, va dans quelques moments
Vous adresser, monsieur, tous ses remercîments :
Il vous en doit beaucoup.

ACTE III, SCÈNE V.

MORTINS.
D'un acte de justice !
C'est à nous, milady, que j'ai rendu service.

LADY STRAFFORD.
Votre nom est pour vaincre un puissant allié.

MORTINS.
Ce nom, quoi ! milady ne l'a pas oublié ?

LADY STRAFFORD.
Convenez qu'en cela j'eus bien peu de mérite :
L'oublier ! et comment ? tout le monde le cite.

MORTINS.
Édouard a lui seul cette gloire aujourd'hui.

LADY STRAFFORD.
Vous n'êtes donc, monsieur, juste que pour autrui !

MORTINS, à part.
Sa haine est fort aimable.

LADY STRAFFORD, à part.
Il n'est pas trop farouche.

MORTINS.
Je n'osais espérer cet accueil qui me touche.

LADY STRAFFORD.
Pourquoi ?

MORTINS.
De sentiments nous différons tous deux.

LADY STRAFFORD.
Oui, si vous arriviez au comble de vos vœux,
Je sais ce qu'au besoin de nous vous pourriez faire.

MORTINS.
Quoi donc ?

LADY STRAFFORD, cassant une à une les têtes des fleurs qu'elle tient à la main.
Vous comprenez ?

MORTINS.
L'allégorie est claire.
Mais songez-vous, madame, en rappelant Tarquin,
Qu'il était monarchique et non républicain ?

LADY STRAFFORD.
Tous les partis vainqueurs ont, je crois, son système :
C'est ce que vous feriez ?

MORTINS.
Et vous feriez de même?

LADY STRAFFORD.
Non.

MORTINS.
Ni moi : si jamais je viens à l'emporter,
Sur mon respect, du moins, milady peut compter.

LADY STRAFFORD.
Jamais aux grands talents je ne veux être hostile,
Car j'ai pour eux un culte ; ainsi, soyez tranquille.

MORTINS.
(A lady Strafford.) (A part.)
Vous me rendez confus. On me traite si bien...
Parlons à cœur ouvert.

LADY STRAFFORD.
(A part.) (A Mortins.)
Brisons la glace. Eh bien,
Quelqu'un m'a dit que moi, moi si peu redoutable,
Vous m'honoriez, monsieur, d'une haine implacable.

MORTINS.
Eh bien, quelqu'un aussi m'a dit secrètement
Que je vous inspirais le même sentiment.

LADY STRAFFORD.
De mon côté, monsieur, rien n'est moins vrai.

MORTINS.
Madame,
On eût dit le contraire en lisant dans mon âme.

LADY STRAFFORD.
Je vous crois.

MORTINS.
Je combats ceux que vous combattez.

LADY STRAFFORD.
Et je déteste, moi, ceux que vous détestez.

MORTINS.
Pour secouer leur joug j'exposerais ma vie.

LADY STRAFFORD.
Partager cette gloire est le sort que j'envie.

MORTINS.
Vous le pouvez.

LADY STRAFFORD.
Comment?

ACTE III, SCÈNE V.

MORTINS.
Ils tombent.
LADY STRAFFORD.
Quand ?
MORTINS.
Demain,
Si le nouveau lord-maire y veut prêter la main...
LADY STRAFFORD.
Il le faut.
MORTINS.
On consent qu'Édouard le remplace.
LADY STRAFFORD.
C'est mieux ; après la crise ajournons son audace.
MORTINS.
Édouard, dans la lutte, entre nous deux pressé,
Par l'amitié, l'amour, par moi, par vous poussé,
Va droit à notre but sans que rien l'en écarte ;
Mais il faut que milord croise les bras ou parte.
LADY STRAFFORD.
Pour qu'il n'agisse pas, que faire ?
MORTINS.
Je le sais :
Proposons-lui d'agir.
LADY STRAFFORD, souriant.
Ah ! vous le connaissez.
Il craint la guerre ouverte.
MORTINS.
Au mot peuple il se trouble.
LADY STRAFFORD.
Parlez, je vous soutiens.
MORTINS.
Frappez, et je redouble.
LADY STRAFFORD.
Que l'abîme à ses yeux s'ouvre s'il prend parti.
MORTINS.
Qu'il tremble d'y tomber.
LADY STRAFFORD.
Qu'il s'y voie englouti.
MORTINS.
Je n'épargnerai rien pour que la peur l'arrête.
LADY STRAFFORD.
Je lui ferai dresser les cheveux sur la tête.
Il vient, livrons l'assaut.

SCÈNE VI.

LES PRÉCÉDENTS, LORD DERBY.

LORD DERBY, à part, en entrant.
>Mortins! J'arrive à temps.

MORTINS.
Pour vous féliciter, milord, je vous attends.

LORD DERBY.
J'ai triomphé, monsieur, grâce à votre assistance :
Ma joie est moindre encor que ma reconnaissance.

MORTINS, d'un air mystérieux.
Parlons bas.

LORD DERBY.
>Pourquoi donc?

MORTINS.
>>Vous êtes notre espoir.

LADY STRAFFORD.
Vous allez accomplir un bien noble devoir.

MORTINS.
D'autant plus glorieux que le moment est grave.

LADY STRAFFORD.
Décisif.

MORTINS.
>Mais est-il des dangers qu'on ne brave.
Pour servir son pays?

LADY STRAFFORD.
>Pour l'affranchir?

LORD DERBY.
>>Parlez :
Je ne me doute pas de ce que vous voulez.

MORTINS.
N'avez-vous pas promis de nous prêter main-forte ?

LORD DERBY.
Si le but...

LADY STRAFFORD.
>Il est grand; pour les moyens, qu'importe?

LORD DERBY.
Les moyens cependant...

MORTINS.
>Ils sont prêts, agissons.

ACTE III, SCÈNE VI.

LORD DERBY.

Mais la légalité...

LADY STRAFFORD.

Si nous la renversons,
C'est pour la rétablir.

LORD DERBY.

Madame!

MORTINS.

Une promesse
Vous lie à moi.

LORD DERBY.

Monsieur!

MORTINS.

Tenez-la.

LADY STRAFFORD.

Le temps presse.
Tout est réglé.

MORTINS.

Le lieu.

LADY STRAFFORD.

Le jour.

MORTINS,

Les instruments.

LADY STRAFFORD.

Le chef qui conduira ces grands événements.

LORD DERBY.

Sans qu'on m'en ait rien dit!

LADY STRAFFORD.

Vous allez tout connaître.

MORTINS.

Le lieu, c'est la Cité, dont vous êtes le maître.

LADY STRAFFORD.

Le jour pris, c'est demain.

MORTINS.

Les instruments, c'est nous.

LADY STRAFFORD.

C'est le peuple.

LORD DERBY.

Le peuple!

MORTINS.

Enfin, le chef...

LORD DERBY.

Qui?

LADY STRAFFORD et MORTINS.

Vous.

LORD DERBY.

Dieu! vous m'auriez choisi!

MORTINS.

D'une voix unanime.

LADY STRAFFORD.

Pouvaient-ils mieux, milord, vous prouver leur estime?

LORD DERBY.

Certes, l'honneur est grand; mais...

LADY STRAFFORD.

Vous l'accepterez?

MORTINS.

Vous l'acceptez.

LADY STRAFFORD, à Mortins.

Faut-il de l'or aux conjurés?
Mon oncle y pourvoira par un bon sur la banque.

LORD DERBY.

Moi!

MORTINS.

Je dois à milord recourir si j'y manque.

LADY STRAFFORD, à Mortins.

Des armes?

MORTINS.

Si milord peut nous en fournir...

LORD DERBY.

Moi!

Où les prendre, monsieur?

LADY STRAFFORD.

Dans votre hôtel.

LORD DERBY.

Eh quoi!...

LADY STRAFFORD.

Il en est plein.

LORD DERBY.

Qu'entends-je?

LADY STRAFFORD.

Et c'est ma prévoyance
Qui, par des gens à vous, l'en a rempli d'avance.

MORTINS, étonné.
Comment! c'est vrai ?
LADY STRAFFORD.
Très-vrai.
LORD DERBY.
Quelle audace !
MORTINS, à part.
Charmant!
Un vieux conspirateur n'eût pas fait autrement.
LORD DERBY.
Transformer mon hôtel en arsenal, madame !
LADY STRAFFORD.
Pour qu'un si beau succès fût l'œuvre d'une femme.
MORTINS.
Les armes à la main, milord, je vous suivrai.
LORD DERBY.
Mais si...
LADY STRAFFORD, à Mortins.
Venez ce soir, tout vous sera livré.
LORD DERBY.
Si par l'autorité la trame est découverte ?
LADY STRAFFORD, froidement.
Eh bien ?
MORTINS, de même.
Eh bien ?
LORD DERBY, hors de lui.
Eh bien ! c'est fait de nous.
LADY STRAFFORD.
Leur perte
Ou la nôtre !
LORD DERBY.
Avant tout...
MORTINS.
Leur chute ou notre mort !
LORD DERBY.
Laissez-moi respirer.
MORTINS.
Il est trop tard, milord.
LADY STRAFFORD.
Y dussiez-vous périr, montrez-vous !
MORTINS.
Par prudence,

Ne mettons pas Lindsey dans notre confidence.
Le voici.

SCÈNE VII.

LES PRÉCÉDENTS, ÉDOUARD.

ÉDOUARD, remettant un papier à Mortins.
Tiens, Mortins.
(A lady Strafford.)
Ah ! milady, pardon.

LADY STRAFFORD.

Quel transport unanime éclate à votre nom !
Monsieur, c'est de l'ivresse : éloquent, admirable !
On n'entend que cela. Comme un concert semblable,
Tout bruyant qu'il était, nous a semblé fort doux !
Si nous arrivons tard, n'en accusez que vous.

ÉDOUARD.

Milord vient d'obtenir sa couronne civile ;
Est-il heureux ?

LORD DERBY.

Charmé.

ÉDOUARD.

Vous pourrez être utile ;
Vous le désiriez tant !

LADY STRAFFORD.

Il le sera.

ÉDOUARD.

Je viens
De citer votre nom en le joignant au mien.

LORD DERBY.

Mon nom !

EDOUARD, montrant le papier que lit Mortins.
Dans cet écrit.

LORD DERBY.

Qu'est-ce donc ?

EDOUARD.

J'ai dû faire,
Dans une adresse au peuple, une part au lord-maire.

LORD DERBY.

C'est une adresse...

LADY STRAFFORD.

Au peuple.

EDOUARD, à Mortins.
Est-ce à ton gré ?
MORTINS.
Parfait !
Et le nom de milord en doublera d'effet.
Je l'emporte.
LORD DERBY, l'arrêtant.
Songez...
LADY STRAFFORD.
Votre rôle commence
LORD DERBY, à Mortins.
Que la publicité...
MORTINS.
Je vais la rendre immense.
(A lady Strafford, en s'inclinant)
Madame...
(Bas, à lord Derby.)
Je serai chez milord à minuit.
LADY STRAFFORD.
Et vous l'y trouverez.
LORD DERBY, à part.
Si j'y passe la nuit.
(Mortins sort par le fond.)

SCÈNE VIII.

LES PRÉCÉDENTS, *excepté* MORTINS. SIR GILBERT,
CAVERLY.

SIR GILBERT, à Caverly, en entrant avec lui par une porte latérale.
Cette nouvelle est sûre ?
CAVERLY.
Eh oui ! trop véritable.
SIR GILBERT.
Milady, mon cher lord, je suis inexcusable :
Je m'étais dans le parc oublié loin d'ici
En rêvant à quelqu'un qui m'oubliait aussi ;
Mais les bruits alarmants et les tristes messages
Sont venus me chercher jusque sous mes ombrages.
CAVERLY.
Oui, les événements ont fait bien du chemin.

SIR GILBERT.

La révolte s'avance ; on tremble que demain
Londres ne soit en proie à la guerre civile.

EDOUARD.

Parlez

SIR GILBERT.

Les insurgés sont entrés dans Carlile.

EDOUARD.

Le ministère aussi contre eux n'agissait pas.

CAVERLY.

Vous le liez si bien, qu'il ne peut faire un pas.

LADY STRAFFORD, bas à lord Derby.

Dans Carlile !

LORD DERBY, de même, à lady Strafford.

Silence !

SIR GILBERT.

Et ce n'est rien encore :
On parle d'un complot.

EDOUARD.

D'un complot !

CAVERLY.

Près d'éclore ;
Dont le chef...

LORD DERBY, vivement.

Quel est-il ?

CAVERLY.

Je vous le donne en cent.

LADY STRAFFORD.

Vous, chevalier.

CAVERLY.

Non pas ! non, je suis innocent ;
J'aime la vie.

EDOUARD.

Enfin ?

LORD DERBY.

Qui donc ?

CAVERLY.

Lady Montrose.

LORD DERBY, à part.

Dieu !

EDOUARD.

Toujours elle !

ACTE III, SCÈNE VIII.

LADY STRAFFORD, indifféremment.
　　　　　　Ici peut-elle quelque chose ?
De si loin !
　　　　　　CAVERLY.
　　De fort près.
　　　　　LORD DERBY.
　　　　Comment ?
　　　　SIR GILBERT.
　　　　　　　　Sans contredit ;
Car on la croit à Londre.
　　　　　LORD DERBY.
　　　　Impossible !
　　　　　CAVERLY.
　　　　　　　　On le dit.
　　　　LADY STRAFFORD, en riant.
Droit au palais Saint-Jame est-elle descendue ?
　　　　　LORD DERBY, à part.
Son sang-froid me confond.
　　　　　CAVERLY.
　　　　　　　Et je la tiens perdue
Si nous la découvrons.
　　　　　EDOUARD.
　　　　　　Plus de ménagement !
On ne peut trop punir un tel aveuglement.
　　　　　LADY STRAFFORD.
Vous êtes rigoureux.
　　　　　EDOUARD.
　　　　　　　La rigueur est justice
Pour celle qui préfère à l'ordre son caprice,
Aux lois la violence, en osant conspirer,
Un homme à son pays qu'elle vient déchirer.
　　　　LORD DERBY, bas, à lady Strafford.
Pour Dieu ! ne dites rien.
　　　　　CAVERLY.
　　　　　　　　Par mille inquiétudes
De tant d'honnêtes gens trouble les habitudes,
Et fait que, s'oubliant quand l'alarme est partout,
Il faut du bien public s'occuper avant tout.
　　　　　LADY STRAFFORD.
Combattre pour sa cause est un droit dont elle use.
　　　　　LORD DERBY.
Ne la défendez pas, milady.

LADY STRAFFORD.
      Je l'excuse.
Sur un point politique où l'on n'est pas d'accord
Tout le monde a raison et tout le monde a tort :
Rebelle selon vous, elle vous croit rebelle ;
L'ordre qui vous convient est désordre pour elle.
Quel doit être son but ? d'y mettre fin : comment ?
Peut-elle, ainsi que vous, lutter au parlement ?
Non, en risquant sa tête elle apporte la guerre,
Et son courage, au moins, n'est pas d'un cœur vulgaire.

SIR GILBERT.
Quoi ! vous l'approuvez ?
          LORD DERBY.
            Nous !
LADY STRAFFORD.
              Je suis femme, et je crois
De mon sexe opprimé devoir venger les droits.

CAVERLY.
Votre sexe est charmant ; mais il perd tous ses charmes,
Quand pour nous égorger il prend nos propres armes.
L'héroïque lady le fait en ce moment :
Du peuple qu'elle agite on craint un mouvement ;
Dans la Cité, milord, la tempête s'élève,
Et j'ai peur que sur vous le nuage ne crève.
Les ministres déjà vous ont fait demander ;
On vous cherche.
          LORD DERBY.
      Moi ?
          CAVERLY.
        Vous.
          LORD DERBY.
            Pourquoi ?
          CAVERLY.
              Pour vous sonder,
Vous consulter ; que sais-je ?
          LORD DERBY.
              Alors, sans plus attendre,
Je cours à Londre.
          CAVERLY.
      Eh non !

ACTE III, SCÈNE VIII.

LADY STRAFFORD.
Je vais aussi m'y rendre.

LORD DERBY, bas, à lady Strafford.
Pour y prendre la poste.

LADY STRAFFORD, de même, à lord Derby.
Et moi pour y rester.

EDOUARD.
Je vous quitte, mon père.

CAVERLY.
Un moment !

SIR GILBERT.
L'arrêter,
Quand la patrie en feu dans son danger l'appelle !
Vous faites bien, monsieur, de me quitter pour elle ;
Je vous désavoûrais d'hésiter entre nous.

CAVERLY.
Qu'il dîne au moins d'abord ; croyez-moi, dînons tous.
Ce qu'avant le dîner vous allez faire à Londre,
Vous le feriez après, et mieux, j'ose en répondre.
Quand l'état me réclame, à son aide je cours,
C'est-à-dire j'y vais ; mais...

LADY STRAFFORD.
Vous dînez toujours.

UN DOMESTIQUE, en entrant.
Sir Gilbert est servi.

CAVERLY.
Ce mot-là vous arrête.

LORD DERBY.
Non pas.

LADY STRAFFORD.
Ni moi.

SIR GILBERT, à lord Derby.
Du cœur, milord, et de la tête !

LADY STRAFFORD.
Comptez sur lui.

EDOUARD, à lord Derby.
Je veux opposer avec vous
Ma voix à leurs clameurs, ma poitrine à leurs coups.
Marchons donc ! que le flot nous couvre ou se retire,
Et la victoire à nous, milord, ou le martyre !

LORD DERBY, à sir Gilbert.
A revoir, baronnet.

SIR GILBERT, *saluant lady Strafford*.
Milady...
(A son fils.)
Demeurez.
(A Caverly.)
Pardon.

CAVERLY, *qui suit le domestique*.
Je vous devance.

SCÈNE IX.

SIR GILBERT, ÉDOUARD.

SIR GILBERT.
                    A Londre où vous courez,
Quel devoir vous attend, quel sort sera le vôtre ?
Ne nous séparons pas fâchés l'un contre l'autre :
Voilà ma main ; la tienne !

EDOUARD.
            Ah ! je puis tout braver,
Tout vaincre.

SIR GILBERT.
        Voici l'heure où tu dois le prouver.
J'espère en toi : pourtant tu faiblis, on t'entraîne ;
L'honneur est sauf encor, mais l'épreuve est prochaine.
Engagé trop avant, auras-tu le pouvoir
De t'arrêter tout court, si tu crois le devoir ;
Ou, souffrant qu'à son gré le mouvement t'emporte,
Aux révolutions rouvriras-tu la porte ?
La plus juste, fatale aux peuples comme aux rois,
N'est un droit que le jour où meurent tous les droits :
Faite pour les sauver, c'est un effort sublime
Dont on souffre longtemps ; faite sans cause, un crime.
Va donc, va, mon espoir : tiens ce que tu promets ;
Devant mes cheveux blancs ne te démens jamais.
Ton déshonneur, mon fils, plutôt tes funérailles !
Une moindre douleur remûrait mes entrailles,
Et mieux vaudrait pour moi pleurer en l'éprouvant
Mon fils mort, Édouard, que le pleurer vivant.

(Edouard baise la main de son père, qui le suit des yeux avec attendrissement quand il sort. La toile tombe.)

ACTE QUATRIÈME.

(Chez Edouard Lindsey ; même salon qu'au premier acte.)

SCÈNE I.

ÉDOUARD, WILLIAM, *un secrétaire assis près de la table et écrivant, plusieurs domestiques.*

EDOUARD, après avoir signé un papier que le secrétaire lui présente.
Pour qu'on prenne un parti l'alarme est assez vive,
Et j'attends, mais en vain, qu'un alderman arrive.
Êtes-vous sûr, William, qu'on les ait avertis ?

WILLIAM.
Ils étaient tous, monsieur, malades ou sortis.

EDOUARD, à un des domestiques.
Vous, retournez chez eux.
(A un autre, en lui remettant un papier qu'il prend des mains de son secrétaire.)
　　　　　　　Vous, cet ordre aux constables.
(A William.)　　(A part.)
Vous, restez. Les mutins deviendront plus traitables
Si Thomas Goff leur parle.
　　　　　(Haut.)
　　　　　A-t-on vu de ma part
Thomas Goff et Mortins ?
　　　　WILLIAM.
　　　　Ils viendront.
　　　　EDOUARD.
　　　　　　　　Qu'il est tard !
Dans la solennité dont la pompe s'apprête,
Au peuple, ce matin, il faudra tenir tête ;
Aux ministres, ce soir : je n'ai rien préparé.
Que dire sur Névil ?
　　　(Au secrétaire.)　(A lui-même.)
　　　　Laissez-moi. Je dirai...
　(A William.)
Pas un mot du lord-maire ? Il n'est venu personne ?

WILLIAM.

Personne encor, monsieur.

EDOUARD.

L'heure du danger sonne,
Et milord dans mes mains résigne ses pouvoirs :
On recherche les droits et l'on fuit les devoirs.
Je dirai...

(A William.)

Si l'on vient, ne faites pas attendre.

(A lui-même.)

Oui, cet exorde est bien; mais voudront-ils m'entendre?
(Il s'assied près de la table et il écrit.)
Qu'à me prêter main-forte Harrington soit tout prêt.

(Donnant une lettre à William.)

Au ministère, cours !
(Le rappelant au moment où il sort.)
Non, rends-moi ce billet !
Pour requérir l'emploi de la force publique,
Il faut que ce moyen soit ma ressource unique.
Sors !... Quel acte ! dût-il sauver la liberté,
On dira que j'attente aux droits de la Cité ;
Pas un whig furieux qui n'aboie ou ne morde.
Eh bien, je disais donc... Que me fait cet exorde?
Parler n'est rien, agir est le point important.
Pour un autre, après tout, faut-il hasarder tant?...
Nelbroun m'eût épargné l'embarras qui m'accable ;
Mais ce choix, qui l'a fait? moi ; je suis seul coupable.
Ah! c'était une faute, et par l'événement
Je vois qu'on ne peut pas faillir impunément.

WILLIAM, qui rentre.

Monsieur Godwin!

EDOUARD.

Godwin! de lui je n'ai que faire ;
Je n'y suis pas.

WILLIAM.

Il vient de la part du lord-maire.

EDOUARD, vivement.

Qu'il entre. Sur ma lettre on aura réfléchi,
Et d'un fardeau si lourd je vais être affranchi.

SCÈNE II.
ÉDOUARD, GODWIN.

GODWIN.
Monsieur, depuis longtemps le bonheur où j'aspire
Est de me rapprocher d'un homme que j'admire.

EDOUARD.
Parlez ; je suis, monsieur, prêt à vous écouter.

GODWIN.
J'eus, dans plus d'un écrit, l'honneur de commenter
Les actes qui marquaient votre illustre carrière,
Et vous rendis toujours une justice entière.

EDOUARD.
Je vous en fais, monsieur, bien des remercîments :
Mais mettons à profit de précieux moments :
Milord...

GODWIN.
En quittant Londre...

EDOUARD.
Il est parti ?

GODWIN.
Sans doute :
Du nord avant minuit il avait pris la route.

EDOUARD.
Quel moment choisit-il, monsieur, pour s'absenter !

GODWIN.
Un motif très-urgent, et je puis ajouter
Très-moral, l'appelait dans le fond d'une terre.

EDOUARD.
Quand sa présence importe au sort de l'Angleterre !

GODWIN.
Son honneur scrupuleux d'un doute est obsédé.

EDOUARD.
Sur quoi ?

GODWIN.
Sur le serment.

EDOUARD.
Il était décidé.

GODWIN.
Eh bien, il ne l'est plus, monsieur : votre éloquence

A sur ce point, dit-il, troublé sa conscience.
Il ne refuse rien; mais, avant d'accepter,
Quelques jours loin du bruit il veut se consulter.

ÉDOUARD.

Dites mieux : il s'enfuit, et le danger le chasse.
Ce qu'il n'ose pas faire, il veut que je le fasse.

GODWIN.

Bien que j'aie entrepris d'être son avocat,
Mon rôle, en insistant, devient trop délicat.
Si grands que soient ses torts envers moi qu'il délaisse,
Mon Dieu, je les excuse, et je plains sa faiblesse.
Ce que je trouve mal, c'est d'exposer celui
Dont la voix fit pencher l'opinion pour lui.
Je ne puis colorer d'une excuse passable
Son abandon subit qui vous rend responsable;
Ma franchise y répugne, et je suis trop loyal
Pour ne pas répéter que c'est mal, et très-mal.
Je me bornerai là, venant sous ses auspices;
Mais vous offrir, monsieur, ma plume et mes services...

ÉDOUARD.

A moi!

GODWIN.

C'est mon devoir; tant je veux vous prouver
Que ce cœur tout anglais est loin de l'approuver.
Eh! quel mérite obscur, quelle mince industrie
Ne doit pas, dans l'espoir de sauver la patrie,
Le tribut de son zèle au seul homme d'État
Dont nous puissions attendre un si grand résultat.
Dans quel sens donc, pour qui, contre qui dois-je écrire?
Quoi que vous ordonniez, vous m'y verrez souscrire.
En me donnant à vous, c'est à la probité,
Au courage, au talent, c'est à la liberté,
Que vous allez servir, que milord abandonne,
C'est au pays, enfin, monsieur, que je me donne.

ÉDOUARD.

D'un dévoûment si prompt j'ai lieu de m'étonner;
Que lui demandez-vous, monsieur, pour vous donner?

GODWIN.

Un noble prix.

ÉDOUARD.

Lequel?

ACTE IV, SCÈNE II.

GODWIN.
L'honneur de le défendre...

EDOUARD.
C'est tout ?

GODWIN.
Au parlement.

EDOUARD.
Je commence à comprendre :
Oui, Névil, qui n'est plus, de deuil couvre nos bancs,
Et pour remplir ce vide...

GODWIN.
On m'a mis sur les rangs.

EDOUARD.
Mais qui donc ?

GODWIN.
La Cité : parlez, et l'on me nomme.

EDOUARD.
Et vous voulez, monsieur, remplacer un tel homme !

GODWIN.
Lui succéder ; hors vous, qui peut le remplacer ?

EDOUARD.
Je ne crois pas encor devoir me prononcer.

GODWIN.
Monsieur, en m'appuyant, craint de se compromettre !

EDOUARD.
Non ; mais pour rester libre il ne faut rien promettre.

GODWIN.
Rester libre est un droit ; pourtant j'ai vu de près
Se mouvoir en tous sens bien des ressorts secrets,
Qui, mieux connus de vous après ma confidence,
Pourraient de mille écueils sauver votre prudence.

EDOUARD.
De vos conseils, monsieur, il faudra me passer,
Puisqu'il n'est pas en moi de les récompenser.

GODWIN.
Pardon, de me servir vous avez la puissance ;
Mais rien n'est moins commun que la reconnaissance.

EDOUARD.
En quoi donc, s'il vous plaît, suis-je votre obligé ?

GODWIN.
En rien.

EDOUARD.

Parlez.

GODWIN.

Le croire est un travers que j'ai.

EDOUARD.

Expliquez-vous, de grâce.

GODWIN.

Un droit que je m'arroge.

EDOUARD.

Enfin !

GODWIN.

Vous supposez que l'on vous doit l'éloge.

EDOUARD.

A tout homme public on doit la vérité ;
Partant, l'éloge aussi, quand il l'a mérité.

GODWIN.

Lorsque de favorable elle devient contraire,
Ce que la presse a fait elle peut le défaire.

EDOUARD.

On la juge à son tour, et, favorable ou non,
Son arrêt n'a de poids qu'autant qu'elle a raison.

GODWIN.

Si haut qu'on soit placé, vous atteindre est possible.

EDOUARD.

La main d'où part le coup peut y rendre insensible.

GODWIN.

Souvent qui l'est pour soi ne l'est pas pour autrui ;
Votre père...

EDOUARD.

Arrêtez : pas un seul mot sur lui,
Pas un !

GODWIN.

Ah ! j'ai touché le côté vulnérable.

EDOUARD.

Honneur à soixante ans d'une vie honorable !

GODWIN.

Monsieur, vous êtes libre, et je dois l'être aussi.

EDOUARD.

Dans votre famille, soit, monsieur ; mais pas ici.

GODWIN.

La guerre donc, monsieur !

ACTE IV, SCÈNE II.

EDOUARD.

Eh bien, monsieur, la guerre !

GODWIN.

Sûr de l'opinion, vous ne me craignez guère ;
Vous dédaignez la presse, et vous avez grand tort.

EDOUARD.

Vous vous trompez, monsieur, je la respecte fort ;
Une atteinte à ses droits me semblerait un crime,
Et je la défendrais, fussé-je sa victime.
Mais qui donc êtes-vous pour parler en son nom ?
N'a-t-elle qu'une voix ? Est-ce la vôtre ? Non.
Nul n'est à lui tout seul la presse tout entière :
A la discussion s'il ne donnait matière,
Son arrêt sans appel, qu'un seul aurait porté,
Serait la tyrannie et non la liberté ;
Contre elle et contre tous, notre garant, c'est elle.
D'une lutte incessante elle sort immortelle,
En opposant toujours la justice au faux droit,
Et le fait qu'on doit croire au bruit menteur qu'on croit,
Les noms dont elle est fière à ceux dont elle a honte.
Noms purs, nobles talents, c'est sur eux que je compte !
J'ai foi dans leur puissance et j'en bénis l'emploi ;
Car le bien est son but, la vérité sa loi.
Ce sont là les soutiens de la presse équitable,
Ceux qui par leurs travaux la rendent respectable,
Convaincus qu'à nos yeux pour la représenter
Le premier des devoirs est de se respecter.
Quant à vous, sur ma vie accumulez l'injure ;
Critiquez, censurez, déchirez : je vous jure
Que, fidèle à ma route, on ne me verra pas,
Pour vous répondre un mot, me détourner d'un pas.
Il faut bien en courant soulever la poussière :
Faites votre métier, je poursuis ma carrière !

GODWIN.

Adieu, monsieur !

EDOUARD.

Adieu !

SCÈNE III.

ÉDOUARD, puis CAVERLY.

ÉDOUARD.
Comme il va me traiter !
J'en ai trop dit... Eh non ! que puis-je redouter ?
S'attaquer à mon père ! il est fou s'il le tente.
Thomas Goff ne vient pas... insupportable attente !
Que fait-il donc ?
CAVERLY, entrant.
Mon cher, tout s'en va.
EDOUARD.
Quel effroi !
Le cabinet s'en va, mais rien de plus.
CAVERLY.
Ma foi,
Je n'en répondrais pas.
EDOUARD.
Qu'un ministre culbute,
Il doit tout, à l'en croire, emporter dans sa chute.
CAVERLY.
Mais s'il emportait tout, j'en serais : donc je crains ;
Car un roi me va mieux que mille souverains.
C'est ce que nous aurions, et plus encor peut-être,
Si nous avions demain tous ceux qui veulent l'être :
Voilà comme le peuple entend la liberté.
EDOUARD.
Et comme le pouvoir l'entend de son côté.
CAVERLY.
Oh ! la sienne a pour base un ordre confortable
Qui défend ma maison, ma voiture, ma table :
Et la patrie est là. Je vous vois rire ; eh bien,
Pour aimer la patrie il faut s'y trouver bien.
J'en conclus que ce mot dans deux sens doit s'entendre :
Quand on a, conserver ; et quand on n'a pas, prendre.
Or, puisque nous avons, au moins défendons-nous :
Votre intérêt le veut ; nous submergés, c'est vous
Qui serez englouti, si le torrent déborde.
Il faut le contenir ; on le peut : qu'on s'accorde.
Je pense qu'Harrington agira sagement
S'il fait un pas vers vous pour un arrangement.

ACTE IV, SCÈNE III.

EDOUARD.

Je dois sa chute au peuple ; un homme est un système.

CAVERLY.

Un homme peut changer.

EDOUARD.

Qu'il tombe, et de moi-même
Je lui tendrai la main.

CAVERLY.

C'est pour ne pas tomber
Qu'il vous la tendrait, lui

EDOUARD.

Craint-il de succomber,
Il est, n'en doutez pas, grand temps qu'il se retire.

CAVERLY.

Avec ce moyen-là tout ministre s'en tire :
C'est un moyen connu, mais fâcheux.

EDOUARD.

Quant à moi,
Sous le scrutin, ce soir, j'anéantis sa loi.

CAVERLY.

Si vous devez parler, je le crois bien malade.

EDOUARD.

Vous a-t-il, par hasard, chargé d'une ambassade?

CAVERLY.

D'une ambassade, lui ! je l'aurais bien reçu !
Je viens en amateur... Mais d'où diable a-t-il su
Que votre don vous cause un embarras pénible?

EDOUARD.

Il le sait ?

CAVERLY.

Il s'y montre infiniment sensible,
Et même il emploîrait, pour vous tirer de là,
Pour faire face à tout, les ressources qu'il a.

EDOUARD.

S'est-il permis, monsieur, d'expliquer ce langage ?

CAVERLY.

Il se fût bien gardé d'en dire davantage...

EDOUARD.

Bien !

CAVERLY.

J'éclatais.

EDOUARD.
Très-bien !
CAVERLY.
Et, changeant de discours,
Il a paru sentir combien votre concours,
En l'aidant à porter le poids du ministère,
Serait, dans le conseil, utile à l'Angleterre.
EDOUARD.
Je tiendrais pour affront qu'il osât m'en parler ;
Et quand il vous l'a dit...
CAVERLY.
J'ai voulu m'en aller.
EDOUARD.
Fi donc !
CAVERLY.
Je m'en allais. Alors Sa Seigneurie,
Qui me veut un grand bien, et sait que la pairie
Sous ce double rapport m'a toujours beaucoup plu,
Qu'on est législateur et qu'on n'est pas élu,
M'en a touché deux mots.
EDOUARD.
Et vous vous laissez faire !
CAVERLY.
La couronne de duc, un siége héréditaire,
Où l'on ne dépend plus du peuple ni du roi,
Où, se représentant, on relève de soi ;
Rang, pouvoir, liberté, la noble récompense !...
Pour Lindsey, m'a-t-il dit, c'est à quoi le roi pense.
EDOUARD.
Et quand il m'a nommé, vous...
CAVERLY.
Je l'ai laissé là
En lui tournant le dos, mon cher, et me voilà.
EDOUARD.
Où la corruption est-elle parvenue !
Tous mes actes sont purs et ma vie est connue :
Deux hommes, ce matin, viennent me visiter,
L'un pour se vendre à moi, l'autre pour m'acheter.
CAVERLY.
Mon honorable ami, qu'est-ce que cela prouve ?
L'entraînement forcé que pour vous on éprouve :

ACTE IV, SCÈNE III.

Tout le monde vous aime, ou vous craint : je conçoi
Qu'on désire être à vous ou vous avoir à soi.
Grand, petit, faible, fort, chacun cherche à vous plaire,
Chacun offre un tribut à l'astre populaire
Dont l'éclat le remplit d'espoir ou de stupeur,
Et dont la queue, à moi, me fait surtout grand'peur.
Comment doit-il traiter la sphère que j'habite?
Rouvrirez-vous pour nous le gouffre jacobite?

EDOUARD.

Non.

CAVERLY.

Souleverez-vous l'océan plébéien?

EDOUARD.

Pas plus.

CAVERLY.

Mais, s'il vous plaît; pas du tout : ce moyen
Est mon épouvantail; par goût, par habitude,
Je ne peux pas frayer avec la multitude.
Je suis civilisé jusqu'au raffinement :
Plutôt Jacque et les siens qu'un bouleversement
Qui nous ramènerait au gland pour nourriture!
C'est mon horreur, à moi, que l'état de nature.

EDOUARD.

Écoutez, chevalier, vous direz à celui
Qui, par ambassadeur, marchande mon appui,
Que je veux, pour répondre à l'offre qu'il m'a faite,
Au parlement, ce soir, consommer sa défaite.
Quant à la multitude, et je pense avec vous
Que ses façons d'agir pourraient heurter vos goûts,
Je dois, comme alderman, lui résister en face...

CAVERLY.

Vous me faites du bien.

EDOUARD.

Et j'en aurai l'audace,
Dussé-je de la force autoriser l'emploi :
Mais pour les contenir il suffira de moi.
J'en réponds; je suis sûr de leur obéissance,
    (Voyant entrer Mortins et Thomas Goff.)
Et je vais vous montrer jusqu'où va ma puissance.

SCÈNE IV.

LES PRÉCÉDENTS, MORTINS, THOMAS GOFF.

ÉDOUARD.

Arrivez donc, messieurs!

MORTINS.

Que veux-tu?

THOMAS GOFF.

Nous voici!

MORTINS, saluant Caverly.

Ah! c'est vous!

CAVERLY.

Toujours moi.

ÉDOUARD.

Vous deviez être ici
Depuis une heure et plus.

MORTINS.

Chacun a ses affaires.

THOMAS GOFF.

Et les nôtres, vrai Dieu! ne sont pas ordinaires.

ÉDOUARD.

Je le sais.

THOMAS GOFF.

Le fer chauffe, et tout va rondement.

ÉDOUARD.

J'ai besoin, mon ami, de votre dévoûment.

THOMAS GOFF.

Pour vous, mon orateur, que faut-il entreprendre?
(Montrant Caverly, qui s'est assis.)
Je cours... Mais ce monsieur n'ira-t-il pas nous vendre?

CAVERLY, à part.

Oh! je ne lui plais pas.

ÉDOUARD.

Il peut nous écouter.

MORTINS, qui s'assied de l'autre côté de la scène.

Je vais en faire autant.

THOMAS GOFF.

Ma foi, s'il veut rester,

ACTE IV, SCÈNE IV.

Qu'il reste : je n'ai peur de lui ni de personne.

ÉDOUARD.

Vous aimez le pays?

THOMAS GOFF.

La question est bonne.

ÉDOUARD.

Le peuple?

THOMAS GOFF.

Tiens! c'est moi.

ÉDOUARD.

Vous et quelques amis...

THOMAS GOFF.

Ce n'est pas moi tout seul.

ÉDOUARD.

A vos ordres soumis.

THOMAS GOFF.

En jurant par mon nom ils jurent par le vôtre.

ÉDOUARD.

Ainsi, même intérêt, même but est le nôtre?

THOMAS GOFF.

Bien dit!

ÉDOUARD.

Ce que je veux, vous le voulez?

THOMAS GOFF.

D'accord.

ÉDOUARD.

Je puis compter sur vous?

THOMAS GOFF.

Certe.

ÉDOUARD.

Et sur eux?

THOMAS GOFF.

Très-fort.

ÉDOUARD.

Vous suivrez mon conseil?

THOMAS GOFF.

C'est un ordre.

ÉDOUARD.

A la lettre?

THOMAS GOFF.

Oui.

ÉDOUARD.

Sans hésiter?

THOMAS GOFF.

Oui.

ÉDOUARD.

Dût-il vous compromettre?

THOMAS GOFF.

Cent fois oui.

ÉDOUARD, lui serrant la main.

Mon cher Goff, je suis reconnaissant.

CAVERLY, à part.

Ah! voilà qui vous met du baume dans le sang.

MORTINS, de même.

Où veut-il en venir?

ÉDOUARD, à Thomas Goff.

Soyez donc assez sage
Pour revoir vos amis et détourner l'orage.

THOMAS GOFF.

Non.

ÉDOUARD.

Mais...

THOMAS GOFF.

Non pas.

ÉDOUARD.

Comment?

THOMAS GOFF.

Non, je n'en ferai rien.

ÉDOUARD.

Le faire est d'un brave homme et d'un bon citoyen.

THOMAS GOFF.

Non.

ÉDOUARD.

Il faut prévenir des désordres coupables.

THOMAS GOFF.

Eh non!

ÉDOUARD.

Vous le devez.

THOMAS GOFF.

Non, de par tous les diables!

CAVERLY, à part.

Je l'aurais parié.

MORTINS, de même.

C'est sur quoi je comptais.

ACTE IV, SCÈNE IV.

ÉDOUARD, à Thomas Goff.

Ne m'avez-vous pas dit...

THOMAS GOFF.
Qu'à vos ordres j'étais.

ÉDOUARD.
Alors!...

THOMAS GOFF.
Si vous vouliez ce que je veux moi-même.

ÉDOUARD.
Je le veux, mon cher Goff.

THOMAS GOFF.
Mais vous changez de thème.

ÉDOUARD.
En quoi?

THOMAS GOFF.
Vous m'engagez à trahir le pays.

ÉDOUARD.
Le puis-je?

THOMAS GOFF.
Ils crîront tous, morbleu! que je trahis.

ÉDOUARD.
Vous êtes éloquent; vous leur ferez comprendre...

THOMAS GOFF.
Ils le crîront si fort, qu'on ne pourra m'entendre.

ÉDOUARD.
Mais puisqu'ils sont toujours de votre sentiment...

THOMAS GOFF.
Bon! quand je dis comme eux; que je dise autrement,
Le feu prend à la poudre, et je suis sur la mine.
Non, non; si je le fais, que le ciel m'extermine!

ÉDOUARD.
Aide-moi donc, Mortins, à le persuader.

MORTINS, qui se lève.
Dans cette œuvre, Édouard, je ne peux pas t'aider.
De son patriotisme il t'a donné la preuve;
Cesse de l'éprouver.

THOMAS GOFF.
Ah! c'était une preuve.

ÉDOUARD.
Gardez-vous de le croire.

THOMAS GOFF.
Aussi j'ai tenu bon.
ÉDOUARD.
Rien n'est plus sérieux.
THOMAS GOFF.
Vous parliez sur ce ton,
(Montrant Caverly.)
A cause de monsieur.
CAVERLY.
De moi !
THOMAS GOFF.
Dans la bagarre,
S'il tombe sous ma main, je ne dirai pas : Gare !
C'est moi qui l'en préviens.
CAVERLY.
Je lui déplais.
EDOUARD.
Mais moi,
Je prétends qu'à tout prix force reste à la loi.
THOMAS GOFF.
Bien joué : les grands mots, comme dans votre adresse !
EDOUARD.
Par là qu'entendez-vous ?
THOMAS GOFF.
Le calme et la sagesse !
EDOUARD.
Eh bien ?
THOMAS GOFF.
Pour nous pousser et n'en pas avoir l'air.
EDOUARD.
Qui vous a dit cela ?
THOMAS GOFF.
Quelqu'un qui voit très-clair.
EDOUARD.
Erreur !
THOMAS GOFF.
Nous comprenons.
EDOUARD.
Mais c'est faux !

ACTE IV, SCÈNE IV.

THOMAS GOFF.
                                            Bouche close ;
Il suffit pour agir qu'on ait compris la chose.

EDOUARD.
Je vous dis que c'est faux : on a de mon écrit
Faussé l'intention, dénaturé l'esprit.
Croyez-moi, mon cher Goff, et soyez raisonnable ;
Ne changez pas en crime une erreur pardonnable.
Vous, riche industriel, aimé, considéré,
Céder aux passions où je vous vois livré,
C'est comme citoyen manquer de caractère,
Et manquer de bon sens comme propriétaire.

THOMAS GOFF.
Oh ! mes propriétés, on les respectera ;
Quant à celles d'autrui, s'en mêle qui voudra.
Les intérêts privés ne sont pas mon affaire :
Je suis homme public. Laissez, laissez-nous faire ;
Nous vous laisserons dire : ainsi, donnez-nous tort,
Et plus vous crîrez haut, plus nous frapperons fort.
Ministres, lords, shérifs et toute la séquelle,
                       (Se retournant vers Caverly.)
Ses suppôts, ses impôts, et monsieur avec elle,
A bas !

CAVERLY, à part.
Décidément je lui déplais beaucoup.

THOMAS GOFF.
A bas les Harrington ! criblés, encor un coup,
Démâtés, nivelés comme un vaisseau qu'on rase !
S'il en reste un sur l'eau, que la foudre m'écrase !
A l'œuvre de ce pas je vais mettre la main.

ÉDOUARD.
Arrêtez !

THOMAS GOFF.
       Voulez-vous qu'on s'arrête en chemin,
C'est aisé : qu'Harrington, traité comme il doit l'être,
Du ministère enfin sorte... par la fenêtre.
Vous, entrez par la porte ouverte à deux battants ;
Entrez, soyez ministre, et sur l'heure, et longtemps.
Sinon, pour vivre en paix sous un pouvoir que j'aime,
Je me fais, ventrebleu ! gouvernement moi-même.
De la cave au grenier, de la ville aux faubourgs,

Retournant le pays, je mets tout à rebours ;
Et, quand j'aurai par là rétabli l'équilibre,
Vivent l'ordre, les lois, et vive un peuple libre !
Adieu !

SCÈNE V.

LES PRÉCÉDENTS, *excepté* THOMAS GOFF.

ÉDOUARD, à Mortins.
Mais quel remède ?

MORTINS.
En chassant Harrington,
Sois ministre.

ÉDOUARD.
Tu veux...

CAVERLY, qui se lève avec vivacité.
Ils ont tous deux raison ;
Soyez ministre.

MORTINS.
Eh quoi ! vous plaidez notre cause !

CAVERLY.
La mienne.

ÉDOUARD.
Quand le peuple à vos amis s'oppose,
Quand l'ordre, selon vous, n'a qu'eux seuls pour appui !

CAVERLY, s'exaltant par degrés.
Ils étaient l'ordre hier, vous l'êtes aujourd'hui :
Que feraient-ils enfin du pouvoir qu'on leur ôte ?
Je les plains ; je dirai que ce n'est pas leur faute,
Que personne, après tout, ne s'en fût mieux tiré ;
Je m'écrirai chez eux, même je les verrai ;
Jamais je ne trahis un ami politique.
Mais ce n'est plus le cas d'être systématique.
Formez un cabinet ; cherchez, prenez partout,
Qui vous voudrez, pas moi, je n'y tiens pas du tout ;
Et sur le bill, ce soir, pour Dieu ! faites main basse.
Rejeté ! rejeté ! point de salut s'il passe !
Je vous promets les voix dont je puis disposer ;
Mais c'est ce cabinet qu'il faudrait composer :
Cherchez donc, et trouvez, pour calmer la tempête,

Une combinaison qu'on leur jette à la tête.
MORTINS.
Comme vous prenez feu !
CAVERLY.
Je prends feu ! je prends feu !
J'ai, parbleu ! bien raison ; ceci n'est plus un jeu :
Discorde au parlement, révolte à la frontière,
Émeute dans la rue ! On a, je crois, matière
D'appréhender l'instinct purement animal
De cette multitude avec qui je suis mal.
C'est par pressentiment que je vous parlais d'elle.
Comment donc ! mais sa rage est presque personnelle :
Je ne sais pas pourquoi cet homme m'en veut tant ;
Le fait est qu'il m'en veut. Profitez de l'instant.
De grâce, un ministère ! en lui j'ai confiance ;
Je ne le connais pas, je le soutiens d'avance ;
Par le trône et la chambre il est d'avance admis.
Je me rends à Saint-Jame et cours chez mes amis ;
Je pars ; ils me croiront : le danger rend docile.
Moi-même à remuer je ne suis pas facile ;
Eh bien, en voyant tout perdu, désespéré,
Par modération je suis... immodéré ;
Et quand ce sont nos biens, nos jours, qu'on veut nous prendre,
Un homme indifférent me semble un homme à pendre !

SCÈNE VI.

ÉDOUARD, MORTINS.

MORTINS.
De tous les dévoûments, le plus chaud c'est celui
Que montre un égoïste épouvanté pour lui.
La chute qu'il craignait, Caverly la décide ;
Le ministère enfin périt par un suicide.
ÉDOUARD.
Dans quel moment, Mortins !
MORTINS.
Qu'importe ? il est à bas.
ÉDOUARD.
Lui seul !

MORTINS
Qu'importe encor ?
ÉDOUARD.
Beaucoup, car ce n'est pas
Un ministère seul que tu prends à partie,
Que tu veux culbuter, c'est une dynastie.
MORTINS.
Eh bien, s'il était vrai ?
EDOUARD.
Tu le veux donc? sois franc.
MORTINS.
Tu le voudras aussi, car mon projet est grand.
EDOUARD.
Je le trouve insensé.
MORTINS.
Faute de le connaître.
EDOUARD.
Il déchaîne le peuple.
MORTINS.
Il t'affranchit d'un maître !
EDOUARD.
En ai-je un, quand ce maître est sujet, comme moi,
Du seul pouvoir humain qui régit tout : la loi?
MORTINS.
Que tout dans le néant rentre donc devant elle !
ÉDOUARD.
Alors courbe la tête, ou tu n'es qu'un rebelle.
MORTINS.
Un rebelle, dis-tu !... sainte rébellion !
C'est pour le peuple anglais le réveil du lion :
Ce John-Bull tant raillé, si longtemps débonnaire,
Prend sa chaîne à deux mains, frappe, se régénère,
Règne et remonte au rang que le ciel lui donna.
Que lui faut-il? du cœur, des armes ? Il en a.
Le mouvement éclate après les funérailles ;
Londre, en fureur, se lève au signal des batailles.
Si l'armée un moment comprime notre effort,
La Cité, grâce à toi, devient pour nous un fort.
De l'insurrection le volcan s'y concentre :

ACTE IV, SCÈNE VI.

Il tonne, et la terreur en partant de ce centre
Pour combattre avec toi vient envahir vos bancs,
Des soldats ébranlés va décimer les rangs.
Qu'il sorte de ta bouche un cri de déchéance,
L'armée est peuple ; et, fier de cette indépendance
Que lui rend tout à coup ton cri libérateur,
L'État proclame en toi son nouveau protecteur !

EDOUARD.

Son Cromwell !

MORTINS.

Ce Cromwell voudra la république.

EDOUARD.

Qui t'en répond, Mortins ?

MORTINS.

Ton dévoûment civique,
Ta vertu.

EDOUARD.

Quel garant pour le peuple et pour toi,
Quand je l'aurai trahie en violant ma foi !

MORTINS.

Qui peut te condamner, si par ton éloquence
Ton pays délivré t'absout ?

EDOUARD.

Ma conscience.

MORTINS

Faux scrupule d'honneur que tu dois mépriser !

EDOUARD.

Sentiment du devoir, trop vrai pour m'abuser !

MORTINS.

Ta gloire est de le vaincre.

EDOUARD.

Elle en serait flétrie.

MORTINS.

Pense à la liberté.

EDOUARD.

Je pense à la patrie.
Où va-t-elle avec toi ?

MORTINS.

Combattre et renverser.

EDOUARD.

Mais ce que tu détruis, comment le remplacer ?

MORTINS.

Par nous.

EDOUARD.

Veut-on de nous? J'admets que tu l'emportes :
Tu chasses les Brunswick; mais les Stuarts sont aux portes.

MORTINS.

Tout un peuple debout sur le seuil les attend.

EDOUARD.

Ce peuple divisé peut succomber pourtant.
Alors qu'aurons-nous fait, que ravir au royaume
Les droits qu'il a conquis en couronnant Guillaume?
Si le sort est pour nous, quel avis fera loi ?
Est-ce le mien, Mortins? Tu vas plus loin que moi ;
Le tien? Mais Thomas Goff va plus loin que toi-même ;
D'autres plus loin sans doute, et, d'extrême en extrême,
Rien n'arrêtera plus ton lion déchaîné.
Ou vaincus ou vainqueurs, qu'aurons-nous amené
Pour l'Angleterre en deuil par le meurtre affranchie?
Vaincus, le despotisme, et vainqueurs, l'anarchie.

MORTINS.

Tu la domineras.

EDOUARD.

C'est en la terrassant.

MORTINS.

Encor une victoire !

EDOUARD.

Encor des flots de sang !

MORTINS.

Mais l'ordre !

EDOUARD.

Le chaos !

MORTINS.

Que ton souffle féconde :
Va donc pour le chaos, et qu'il en sorte un monde!

EDOUARD.

Ce monde, il est créé. Rends-le meilleur, plus pur;
Ne détruis pas, corrige; et quand il sera mûr
Pour des destins plus beaux et pour des droits plus larges,
Sa raison le fera, ce bien dont tu te charges..
Mais comment l'accomplir, Mortins, par la terreur ?
Imposer la raison, c'est révolter l'erreur.

Tu veux fonder, dis-tu, des lois républicaines ;
Et sur quoi ? sur des mœurs : où sont nos mœurs romaines
Tel qui fronde un abus s'engraisse d'un plus grand ;
Le suffrage avili s'achète à prix courant ;
En gloire l'infamie avec de l'or se change :
Qui bâtit là-dessus bâtit sur de la fange.
Corrigeons donc les mœurs pour réformer les lois ;
En créant des vertus nous enfantons des droits ;
Nous hâtons du progrès la marche irrésistible,
Et si gouvernement fut jamais perfectible,
C'est le nôtre : avançons, il avance avec nous ;
Au mouvement forcé, seul il offre entre tous
Liberté sans désordre, ordre sans tyrannie ;
Sans secousse, progrès dans sa course infinie.
Il nous suivra ; marchons, le flambeau dans les mains,
Et pour les affranchir éclairons les humains.
C'est notre mission, c'est notre œuvre première ;
C'est tout : la liberté, Mortins, c'est la lumière !

MORTINS.

C'est la force, au besoin ; elle épargne le temps,
Et fait en un seul jour l'ouvrage de cent ans.
Veux-tu t'associer au grand coup que je tente,
Et servir tes amis ou tromper leur attente ?

EDOUARD.

Plutôt que de trahir la foi de mon serment,
J'oserais pour la loi voter au parlement.

MORTINS.

Toi !

EDOUARD.

Je la défendrais au lieu de la combattre ;
Et je puis relever ce que j'allais abattre.

MORTINS.

Qui, toi ?...

EDOUARD.

Si la Cité du trouble est le foyer,
L'armée à mon appel viendra la balayer.

MORTINS.

Tu signerais cet ordre !

EDOUARD.

Il est signé.

15.

MORTINS.
J'en doute.
ÉDOUARD, lui montrant la lettre qui est restée sur la table.
Le voici.
MORTINS.
L'envoyer, tu n'oserais !
EDOUARD.
Écoute :
Il part, si tu ne veux abjurer ton dessein.
MORTINS.
Mais de la liberté tu seras l'assassin !
EDOUARD.
Le sauveur !
MORTINS.
A la force ouvrir ce sanctuaire,
C'est crime d'y penser.
EDOUARD.
C'est vertu de le faire.
MORTINS.
Crime qui te perdra : par les tiens rejeté,
Tu vas frapper au cœur ta popularité ;
Elle expire du coup pour ne jamais renaître.
Tu n'es à tous les yeux qu'un renégat, qu'un traître.
Plus on t'a porté haut, plus tu redescends bas ;
Contre l'opinion en vain tu te débats :
Elle va s'exalter jusqu'à la frénésie,
Et t'enterrer vivant sous ton apostasie.
Tu n'as plus dans la lutte un ami pour soutien,
Et l'honneur de ton père y meurt avant le tien.
EDOUARD.
Que me dis-tu ?
MORTINS.
Godwin de le ternir est maître.
EDOUARD.
N'en crois rien.
MORTINS.
Dans sa feuille un écrit doit paraître,
Écrit que j'ai sur moi, que j'aurais déchiré,
S'il ne me l'eût remis comme un dépôt sacré...
EDOUARD.
En m'effrayant, Mortins, je sais ce qu'il espère.

MORTINS.
Cette lettre, te dis-je, elle accable ton père :
Elle prouve...
EDOUARD.
Quoi donc?
MORTINS.
Son honneur est perdu
Si...
EDOUARD.
Mais que prouve-t-elle enfin?
MORTINS.
Qu'il s'est vendu.
EDOUARD.
C'est un faux !
MORTINS.
La voilà : songe, avant de la prendre,
Que ce soir à Godwin j'ai juré de la rendre.
ÉDOUARD.
Je m'en souviendrai.
MORTINS.
Lis.
EDOUARD, après avoir jeté les yeux sur l'écriture.
C'est sa main.

« *A sir Robert Walpole, premier lord de la Trésorerie.*

« Milord,

« J'attends, pour agir, les cinquante mille livres sterling:
« qu'on me les remette aujourd'hui même, et regardez-moi
« dans cette circonstance comme entièrement à votre dispo-
« sition. Vous sentez combien il nous importe à tous deux
« que cet envoi reste secret.

« Gilbert Lindsey. »

C'est sa main.
MORTINS.
Il a pour le pouvoir voté le lendemain.
EDOUARD, après une pause.
Eh bien, puisqu'il l'a fait, il le devait sans doute!
MORTINS.
Mais tu n'as donc pas lu?

EDOUARD.
Qui? mon père!...
MORTINS.
Il m'en coûte
De paraître à tes yeux abuser d'un secret,
Que je t'ai révélé dans ton propre intérêt.
Possesseur de l'écrit je le mettrais en cendre,
Lui, va s'en faire une arme; et quand? comment défendre
Ton père diffamé que sa plume flétrit,
Si, renié par tous, tu n'es plus qu'un proscrit?
Mais sa plume, veux-tu qu'il la brise de rage?
Marche avec nous, triomphe, achève ton ouvrage;
Deviens chef de l'état : sois le nôtre et le sien :
Bâillonné par la peur, Godwin n'ose plus rien.
EDOUARD.
Ah! laisse-moi.
MORTINS.
La peur le condamne à se taire.
Mais que puis-je tenter si tu nous es contraire?
Et pour un faux honneur qu'aux pieds tu dois fouler,
Malheureux! l'honneur vrai, tu le vas immoler.
Crains-tu, si ta présence au convoi l'autorise,
D'être connu trop tôt pour chef de l'entreprise,
N'y viens pas, n'agis pas; mais laisse-nous agir.
Tu n'as rien su : de rien tu n'auras à rougir.
N'y viens pas; à nos yeux ton absence est la preuve
De ton concours secret, et nous risquons l'épreuve.
Tout réussit alors. Édouard, mon ami,
Nos deux cœurs si longtemps pour la gloire ont frémi
D'un même élan d'amour et d'une ardeur égale;
Ne nous séparons pas à cette heure fatale.
Non, par la noble vie à qui tu vas faillir,
Par la fraternité qu'il te faudrait trahir,
Par l'avenir sans borne ouvert à ton génie,
Non, tu ne peux combattre avec la tyrannie;
Ton bras ne peut s'armer pour repousser le mien :
Non, sois ami, sois fils, et reste citoyen.
EDOUARD.
Assez!
MORTINS.
Tu dois me croire, écoute et crois ton frère;

Épargne l'infamie aux vieux jours de ton père.
EDOUARD.
Mais perdre mon pays en parjurant ma foi !
(Apercevant lady Strafford.)
Va-t'en, Mortins !... Que vois-je ?

SCÈNE VII.

LES PRÉCÉDENTS, LADY STRAFFORD.

LADY STRAFFORD, à Edouard.

     Oui, chez vous ; moi ! c'est moi !
Un asile, Édouard !
EDOUARD.
    Le peuple vous menace ?
LADY STRAFFORD.
Le pouvoir.
EDOUARD.
  Vous, madame !
LADY STRAFFORD.
      On a perdu ma trace :
(Tombant assise.)
Je respire, du moins.
EDOUARD.
    Ne craignez rien ici ;
Vous êtes sous ma garde.
MORTINS.
     Et sous la mienne aussi.
EDOUARD.
Harrington, milady, dans le jour va me rendre
Raison d'un attentat que je ne puis comprendre.
LADY STRAFFORD, qui se lève.
Demandez-lui raison, non pour moi, mais pour tous.
MORTINS.
J'y vais !
EDOUARD.
  Reste, Mortins.
LADY STRAFFORD.
    Courez.
EDOUARD.
       Que dites-vous ?

MORTINS, à Édouard.

Le convoi va bientôt passer sous ta fenêtre :
Pour que je puisse agir, garde-toi d'y paraître ;
Mais fais-nous un rempart des droits de la Cité,
Et pousse au parlement le cri de liberté.
C'est ton devoir ; je cours où le mien me réclame.

SCÈNE VIII.

ÉDOUARD, LADY STRAFFORD.

ÉDOUARD.
Et vous encouragez ses projets !

LADY STRAFFORD.
                    J'en suis l'âme.

ÉDOUARD.
Où va-t-il cependant ? lui-même n'en sait rien.

LADY STRAFFORD.
S'il n'atteint pas son but, il me conduit au mien.

ÉDOUARD.
Sans vouloir ce qu'il veut, vous le poussez au crime !

LADY STRAFFORD.
En est-ce un de briser le sceptre qui m'opprime ?

ÉDOUARD.
A son bras, milady, qu'osez-vous demander ?

LADY STRAFFORD.
De détruire, Édouard ; au vôtre, de fonder.

ÉDOUARD.
Quoi ?

LADY STRAFFORD.
        Le pouvoir que Dieu veut rendre à l'Angleterre,
En relevant des Stuarts le trône héréditaire.

ÉDOUARD.
Est-ce vous que j'entends ?

LADY STRAFFORD.
                Est-ce vous qui pensez
Qu'adoptant de Mortins les rêves insensés,
Des lois, des rangs, des noms, je veuille le naufrage ?
Les Stuarts pour aborder ont besoin d'un orage :
Il gronde ; j'en profite. Édouard, un effort !

ACTE IV, SCÈNE VIII.

De ceux que Dieu fit rois la fortune est au port.
EDOUARD.
George a du vœu de tous reçu le diadème :
L'élu de tout un peuple est celui de Dieu même.
LADY STRAFFORD.
Mais ce peuple, pour nous il peut se déclarer.
EDOUARD.
De Mortins et des siens devez-vous l'espérer ?
LADY STRAFFORD.
Qu'importe ! un bras vengeur s'avance à leur rencontre ;
La victoire est pour lui.
EDOUARD.
     Les intérêts sont contre ;
Les souvenirs aussi qui le repousseront.
Vous vous briserez là ; car vous heurtez de front
Les besoins et les droits, l'orgueil de la patrie :
Oui, l'empreinte des fers qui jadis l'ont meurtrie,
Elle la porte encor ; c'est en la regardant
Qu'elle ira d'un seul bond de Londre au Prétendant.
LADY STRAFFORD.
Pour tomber à ses pieds, si votre voix puissante
Veut qu'elle aille y courber sa tête obéissante,
Rendez de son amour l'héritage à vos rois.
EDOUARD.
Non, c'est déshériter mon pays de ses droits.
LADY STRAFFORD.
Leur malheur les éclaire.
EDOUARD.
     Ils l'oublîraient encore.
LADY STRAFFORD.
Ne calomniez pas leur cause que j'adore.
La liberté, mon culte avec vous la confond.
J'ai dû de la comprendre au sentiment profond,
Enthousiaste, ardent, que son vengeur m'inspire.
En m'en laissant charmer j'ai subi votre empire ;
Car je hais, Édouard, ou j'aime à votre gré :
Avez-vous rien de saint qui ne me soit sacré ?
Son triomphe est le but qu'un héros se propose ;
Ma cause c'est la sienne : aimez-la, cette cause :

De l'amour que ce cœur m'a si longtemps porté,
De mon amour pour vous j'aime la liberté.

EDOUARD.

Et de qui, juste ciel ! la feriez-vous dépendre !

LADY STRAFFORD.

Du génie éloquent qui seul peut la défendre,
De vous : sur ce dépôt c'est vous qui veillerez ;
Faites régner les Stuarts, et vous gouvernerez.

EDOUARD.

Qui ? moi !

LADY STRAFFORD.

Leur volonté par ma voix vous confère
Le droit d'agir pour eux, et le pouvoir de faire
Tout ce qu'ordonnera l'urgence du moment,
Comme premier ministre à leur avénement.

EDOUARD.

Moi !...

LADY STRAFFORD, *lui présentant un papier.*

Cet acte en fait foi.

EDOUARD.

Je ne le veux pas lire.

LADY STRAFFORD.

Quand leur main l'a signé !

EDOUARD.

La mienne le déchire.
Ma conduite est tracée.

LADY STRAFFORD.

Où courez-vous ?

EDOUARD.

Je doi
Marcher contre le peuple et voter pour la loi.

LADY STRAFFORD.

La liberté de tous par elle est suspendue.

EDOUARD.

Dans l'intérêt de tous.

LADY STRAFFORD.

Allez !... je suis perdue.

EDOUARD.

Vous !

ACTE IV, SCÈNE VIII.

LADY STRAFFORD.

Perdue, Édouard.

EDOUARD.

Un complot sans effet
Sera sans châtiment.

LADY STRAFFORD.

Je sais ce que j'ai fait.

EDOUARD.

Vous seule.

LADY STRAFFORD.

Dans la loi ma sentence est écrite.

EDOUARD.

Vain effroi !

LADY STRAFFORD.

Je vous dis que ma tête est proscrite.

EDOUARD.

Au péril de mes jours je la protégerai ;
Ma demeure est pour vous un refuge assuré.

LADY STRAFFORD.

On m'y viendra chercher.

EDOUARD.

Ne craignez pas qu'on l'ose !

LADY STRAFFORD.

On l'osera.

EDOUARD.

Jamais !

LADY STRAFFORD.

Je suis lady Montrose.

EDOUARD.

Grand Dieu !

LADY STRAFFORD.

De me sauver aurez-vous le pouvoir ?

EDOUARD.

Ah ! que m'avez-vous dit ! qui ? vous ! puis-je encor voir
La femme dont mon cœur rêvait la noble image,
Qu'absente j'honorai d'un si constant hommage,
Dans celle...

LADY STRAFFORD.

Achevez donc : que vous méprisez.

EDOUARD.

Non,

Oh ! non : j'ai beau haïr, détester ce faux nom
Qui vous a fait descendre et vous devient funeste,
Je vous aime encor plus que je ne le déteste.

LADY STRAFFORD.

Mais ce nom, j'en suis fière ! il m'honore à mes yeux :
Porté par un martyr, il fut victorieux ;
Je l'ai ressuscité ; moi, femme, à sa mémoire
J'ai d'un parti déchu rattaché la victoire ;
Et qui donc m'y poussa ? mes rois seuls ? ah ! crois-moi,
Je l'avoue à ma honte, Édouard, ce fut toi ;
Ce fut par toi, pour toi que je devins rebelle :
Le courage qu'il faut, jeune, opulente et belle,
Pour jeter au hasard un sort si fortuné,
L'ont-ils mis dans mon sein ? Non, tu me l'as donné.
L'amour a triomphé de ma faible nature.
Je rêvais, dans la leur, ta puissance future ;
Je t'imaginais grand de toute leur grandeur ;
Ah ! que dis-je ! ta gloire éclipsait leur splendeur,
Ta gloire est mon idole, et je suis fanatique :
Je m'y sacrifiai par un acte héroïque.
Est-ce folie ? hélas ! je le sais d'aujourd'hui ;
J'étais folle, en effet ; car j'ai bravé pour lui
La mort, et c'est par lui que je cesse de vivre ;
Plus que la mort, la honte ; et c'est lui qui m'y livre !

EDOUARD.

Vous ne le craignez pas ! votre amant, votre époux
N'a rien, hormis l'honneur, de plus sacré que vous.

LADY STRAFFORD.

Ah ! pardon, j'avais tort : de ma triste fortune,
De mes dangers, pardon si je vous importune !
Je voudrais fuir d'ici ; mais où porter mes pas ?
Si j'y reste, du moins, vous ne m'y verrez pas :
Lady Martha chez vous m'a seule accompagnée ;
Adieu ! je la rejoins.

EDOUARD.
Julia !

LADY STRAFFORD.
Résignée
Au sort que me fera cet honneur rigoureux,

ACTE IV, SCÈNE IX.

C'est vous que je plaindrai : vous serez malheureux.
Pourquoi l'être, Édouard? Follement révoltée,
J'ai cherché ma sentence et je l'ai méritée.
Pensez que c'est justice, et que ma vie enfin
Ne vaut pas qu'un regret en attriste la fin.
Tout a changé pour moi ; mourir est mon envie :
Je ne suis plus aimée, et n'aime plus la vie.

EDOUARD.

Tu l'es encor ; ta vie, ah ! c'est la mienne.

LADY STRAFFORD, avec exaltation.

Eh bien,
Défends-la donc pour toi ; défends, sauve ton bien.
Mon cœur souffre à t'en faire une loi tyrannique,
Mais ta victoire enfin est mon refuge unique,
Et quelque châtiment qui doive me frapper,
C'est par elle, Édouard, que j'y veux échapper.
O ciel ! et je verrais s'accomplir ce beau rêve ;
Tu monterais au faîte où mon espoir t'élève,
Et, te devant mes jours, j'y pourrais savourer
Le glorieux bonheur de te les consacrer !
Je n'ajouterai rien, non rien pour t'y résoudre ;
Sois mon juge et prononce. Adieu ! tu peux m'absoudre,
Tu peux me perdre ; à toi jusqu'au dernier moment,
Ou je vis pour t'aimer, ou je meurs en t'aimant ;
J'attends mon sort. Adieu !

SCÈNE IX.

ÉDOUARD, seul.

Son juge ! et ma sentence
Jette au glaive infamant cette noble existence.
L'honneur de mon vieux père, il se rattache au sien ;
Et je l'immole aussi. Quel devoir que le mien,
S'il faut du même coup, pour que j'y persévère,
Frapper ce que j'adore et ce que je révère !
Mais me l'ordonne-t-il ?

(Prenant sur la table sa lettre, qu'il laisse retomber.)

Cet homme à qui j'écris,
Que je sauve aux dépens des jours par moi proscrits,

De mon honneur perdu ce ministre est coupable ;
L'accabler fut mon droit ; que le peuple l'accable !
Ce que veut sa fureur ma raison le voulait ;
Pourquoi donc l'arrêter ? Si j'étais juste, il l'est.
Mais il va par lambeaux déchirer l'Angleterre...
Ne peut-il, satisfait d'abattre un ministère,
Rentrer, l'acte rempli, sous mon autorité ?
Suis-je lord-maire enfin ? Un lâche a déserté ;
Dois-je, à l'opinion résistant pour ma perte,
Périr avec les miens au poste qu'il déserte ?
Non ; restons.

(On entend dans le lointain les premiers roulements des tambours voilés, qui se rapprochent par degrés et se prolongent jusqu'à la fin de la scène.)

   Les voici ! Ce bruit lugubre et lent
Va se changer pour Londre en un appel sanglant.
Quelques moments encor, c'en est fait ! Je frissonne ;
Et dans ma conscience, où chaque coup résonne,
Le remords s'éveillant semble prendre une voix
Pour nommer la patrie et rappeler ses droits.
Leur généreux soutien dont le cercueil s'approche,
Comme il fut sans faiblesse, il resta sans reproche.
S'il pouvait du linceul s'élancer aujourd'hui,
De moi que dirait-il, et qu'aurait-il fait, lui ?
Mais il m'entend, ce juste à qui ma voix s'adresse ;
Sous son voile funèbre il tressaille, il se dresse,
Se découvre et répond : « Que me demandes-tu ?
« Ne rien souffrir pour elle est-ce aimer la vertu ?
« Est-ce aimer le pays d'une mâle tendresse,
« Que de lui préférer honneur, père ou maîtresse ?
« Qui se donne au pays se donne tout entier.
« Viens, prends ton rang, suis-moi ; viens, mon digne héritier,
« Viens te perdre toi-même, en sauvant sur ma tombe,
« Avec l'ordre qui meurt, la liberté qui tombe.
« Élève ton courage à ce pénible effort ;
« Ou, si tu ne le peux, toi qui t'es cru si fort,
« Si tu manques de cœur pour cette noble tâche,
« Cache-toi ; tu fais bien : mais tu n'étais qu'un lâche ! »
J'irai, Névil, j'irai, je cours où tu m'attends.
Saint amour du pays, c'est ton cri que j'entends ;

J'obéis et me perds. Quel est donc ton empire,
Puisque je peux trouver, quand mon honneur expire,
Quand mon plus cher espoir vient de s'éteindre en moi,
Un douloureux plaisir à me vaincre pour toi!
(Il a repris sur la table sa lettre, qu'il emporte, et il s'élance hors de la scène. La toile tombe.)

ACTE CINQUIÈME.

(Même salon qu'au quatrième acte, mais les vitres des trois fenêtres du fond sont brisées.)

SCÈNE I.

ÉDOUARD, *assis près d'une table couverte de pamphlets et de journaux, et se tournant vers les fenêtres.*

C'est par là qu'à mes pieds ils jetaient des couronnes !
Volage opinion, pour que tu m'abandonnes,
Qu'ai-je fait ? mon devoir ; je n'ai plus un appui.
(Prenant un des journaux.)
La feuille de Mortins ! ah ! voyons :
« Hier la loi a passé, grâce à l'éloquence de celui qui
« l'avait le plus éloquemment combattue. Hier, aux funé-
« railles de Névil, tous les priviléges de la Cité ont été
« violés, encore par l'homme sur qui le peuple avait le plus
« compté pour les défendre. Nous l'aimions, cet homme ;
« aussi notre cœur se brise, la plume tombe de nos mains,
« et nous nous bornons à dire dans notre douleur : Anglais,
« ce n'est pas sur Névil qu'il faut pleurer. »
            Jusqu'à lui,
Qui croirait s'avilir en prenant ma défense !
Et c'est un cœur bien né, c'est mon ami d'enfance ;
Mais j'ai fait à sa honte échouer son dessein ;
L'amitié pour toujours est morte dans son sein.
Aucune injure au moins n'échappe à sa colère.
(Frappant de la main sur un autre journal qu'il vient de prendre.)

Ma terreur, c'est Godwin. Que dit-il de mon père?
  (Après avoir jeté les yeux sur le journal.)
Ciel, Julia !...
   (Lisant.)

« Il n'est bruit que du pèlerinage fait à Londres par la
« belle lady Strafford, si célèbre sous le nom de lady Mont-
« rose. Dans plusieurs entrevues, tout à fait confidentielles,
« avec un jeune orateur qu'elle voulait gagner à sa cause,
« elle a, dit-on, dépassé de beaucoup les instructions de
« son royal amant. Mais que ne pardonne-t-on pas au dé-
« vouement politique !

    Chez moi son danger la conduit ;
Pour la déshonorer l'outrage l'y poursuit.
Achevons :

« Quant à l'éclatante défection dont tout le monde parle,
« elle s'explique très-naturellement par une somme de vingt-
« cinq mille livres sterling donnée de la main à la main,
« par une promesse de pairie qu'on ne tiendra pas, et par
« l'offre d'un ministère qu'on ne veut plus donner. Au reste,
« on pourra se convaincre, en lisant la lettre suivante dont
« nous garantissons l'authenticité, que l'apostasie à beaux
« deniers comptants était pour l'honorable Édouard Lindsey
« une tradition de famille.

    Puis la lettre, et plus bas :

« Les amis du pays verront avec plaisir, dans l'intérêt du
« trésor, que le taux des consciences parlementaires a beau-
« coup baissé ; celle du fils est de vingt-cinq mille livres
« sterling meilleur marché que celle du père. »

      Je m'indigne !
D'un duel avec moi l'imposteur n'est pas digne ;
 Mais il me faut son sang.
    (Après avoir écrit un billet.)
    Quand je l'aurai versé,
L'opprobre d'un vieillard sera-t-il effacé?
Il n'en mourra pas moins, ma vengeance assouvie,
Du démenti qu'un jour donne à toute sa vie.
   (Il reste la tête appuyée sur ses deux mains.)

SCÈNE II.

ÉDOUARD, sir GILBERT, *tenant un journal.*

SIR GILBERT *qui s'est avancé vers son fils à pas lents.*
Édouard !

EDOUARD.
Vous !

SIR GILBERT.
Ton père a pendant soixante ans
Passé pour honnête homme.

EDOUARD.
Et, comme de son temps,
Il est l'honneur du nôtre.

SIR GILBERT.
Il s'est vendu, ton père.

EDOUARD.
Qui le dit dans une heure aura vécu, j'espère.

SIR GILBERT.
Mais qui le dit le prouve : as-tu lu ce papier ?

EDOUARD.
Oui.

SIR GILBERT.
La lettre de moi qu'on vient d'y publier,
L'as-tu lue ?

EDOUARD.
A l'instant.

SIR GILBERT.
T'avait-on fait connaître,
Avant de m'en flétrir, qu'elle y devait paraître ?

EDOUARD.
Mortins.

SIR GILBERT.
Et pouvais-tu sauver ma dignité,
En m'épargnant l'affront de la publicité ?

EDOUARD.
Moi !

SIR GILBERT.
Dis, le pouvais-tu ?

EDOUARD.
Je ne le pouvais faire

Sans trahir mon devoir.
SIR GILBERT.
Et pour y satisfaire,
Ce sont mes cheveux blancs que vous avez trahis ?
EDOUARD.
Il fallait immoler mon père ou mon pays.
SIR GILBERT.
Mais vous n'aviez pas cru la lettre véritable ?
EDOUARD.
Je l'avais vue.
SIR GILBERT.
Ainsi vous me jugiez coupable ?
EDOUARD.
Non.
SIR GILBERT.
Vous doutiez au moins ?... répondez !
(Édouard s'agenouille devant son père.)
J'ai compris :
Sans parler, c'est répondre ; et pourtant ce mépris,
D'autant plus accablant qu'à vos yeux légitime
Il frappait un coupable et non une victime,
Ce mépris qui sur vous retombait par moitié,
Quoi ! sans respect pour moi, pour tous deux sans pitié,
Esclave d'un devoir que n'eût rempli personne,
Vous l'avez affronté !
EDOUARD.
Pardon !
SIR GILBERT.
Que je pardonne !
A qui, mon fils ! à toi ? quand ce cœur palpitant,
Qui d'un pieux orgueil se gonfle en t'écoutant,
Éclate, et sent se fondre en larmes de tendresse
L'enthousiasme pur dont j'étouffais l'ivresse.
Que je pardonne ! ah ! viens : ta place est dans mes bras !
EDOUARD.
Mon père !
SIR GILBERT.
Laisse-les t'insulter, les ingrats :
Ta défaite est, mon fils, ta plus sainte victoire.
Mon affront fait ma joie, et ma honte est ma gloire,

ACTE V, SCÈNE II. 189

Ma couronne d'honneur au terme de mes jours.
Je suis pur, Édouard, et je le fus toujours;
Mais ton égal, mais plein du beau feu qui t'anime,
Mais martyr du devoir à cet excès sublime,
L'ai-je été? Ce long temps que ton père a vécu
Vaut-il un jour de toi? non, non; tu m'as vaincu,
Et, fier, je m'humilie avec ma vie entière
Devant un seul instant de ta noble carrière.

EDOUARD.
Oui, pur! mon cœur cent fois me l'a dit avant vous;
Et vous le prouverez à la face de tous.

SIR GILBERT.
J'en réserve à Mortins la preuve irrécusable.
Mais quel souci nous trouble! un bruit si misérable
Tombe, quand le public, un moment abusé,
Avec l'accusateur confronte l'accusé.
L'estime est quelque chose.

EDOUARD.
     Ah! pour vous; mais pour elle,
Pour le nom d'une femme, une injure est mortelle.

SIR GILBERT.
Je t'entends, Édouard; je plains lady Strafford,
Et je la plains surtout de mériter son sort.
Qui brave un préjugé provoque une injustice;
Et pour trouver en soi le prix du sacrifice,
Il faut qu'un dévoûment, d'intérêt dégagé,
Vous ait fait par vertu braver ce préjugé.
Il n'en est pas ainsi.

EDOUARD.
  De grâce!

SIR GILBERT.
     Je m'arrête
En pensant au danger qui plane sur sa tête.
Chez toi, dans ton absence, hier je suis venu,
J'ai vu lady Strafford, et, son secret connu,
D'agir en sa faveur j'ai senti l'importance,
Et j'ai de Caverly réclamé l'assistance.

EDOUARD.
Sa réputation, comment la recouvrer?

SIR GILBERT.

En lui donnant ton nom tu peux tout réparer.

EDOUARD.

Je vengerai d'abord elle, vous et moi-même.

SIR GILBERT.

Un duel ! Tu prendrais pour arbitre suprême
Le hasard d'un duel entre un infâme et toi !
Écoute : j'ai du cœur, et ma vie en fait foi ;
Mais je tiens que se battre est un pauvre courage,
Quand le combat vous souille encor plus que l'outrage.
A quoi sont bons ses jours, au mépris dévolus ?
L'État n'en a que faire et l'honneur n'en veut plus ;
Les tiens sont l'honneur même, une cause à défendre,
Des services rendus, des services à rendre.
La vertu, la patrie ont des droits sur les tiens ;
Plus tu te sens utile et moins tu t'appartiens.
Le lâche, diras-tu, peut tenir ce langage ;
L'homme de cœur le doit : pour relever le gage
Qu'une insulte à mon nom jette sur mon chemin,
Je veux, en le touchant, ne pas salir ma main.
Là, ce serait l'opprobre avec la gloire aux prises.
Fais fi de ta vengeance : un sang que tu méprises
Ne vaut pas, ô mon fils, pour laver ton affront,
Les pleurs sacrés qu'un père a versés sur ton front.

EDOUARD.

Ne pouvant la venger, qu'au moins je la console :
Ah ! venez.

SIR GILBERT.

Caverly m'a donc tenu parole ;
Car près d'elle, Édouard, il t'avait devancé.
Voyons !

SCÈNE III.

LES PRÉCÉDENTS ; CAVERLY, *sortant de l'appartement de lady Strafford.*

CAVERLY, qui s'arrête au fond, en regardant les fenêtres.

Comme chez moi !

(A Edouard.)

Leur rage a tout cassé ;

ACTE V, SCÈNE III.

Mais, du moins, si quelqu'un veut nier mes services,
Je puis de mon hôtel montrer les cicatrices.
Ce sont près d'Harrington nos titres aujourd'hui.

EDOUARD.

Faites-les valoir seul; je n'attends rien de lui.

SIR GILBERT.

Que sa protection pour...

CAVERLY, à Edouard.

Votre prisonnière :
Elle vous est acquise et vous l'aurez entière.
On fermera les yeux sur son prochain départ...

EDOUARD.

Son départ !

CAVERLY.

Mais sa route est une affaire à part :
On veut la lui choisir ; à moins qu'un mariage,
Dont on parlait beaucoup, n'écarte tout ombrage;
Auquel cas, plus d'exil ! C'est un cœur converti :
L'avenir politique est par vous garanti.
Voilà ce qu'elle vient d'écouter en silence ;
Car j'ai parlé tout seul dans notre conférence.

EDOUARD.

Au ministre pourtant vous transmettez son choix ?

CAVERLY.

Non ; une révérence, à défaut de sa voix,
M'a dit, en y mettant une grâce infinie :
Privez-moi du plaisir de votre compagnie.
A quoi j'ai répondu par un salut bien bas,
Qui disait : Je comprends et ne me fâche pas.

SIR GILBERT.

Je suis reconnaissant de votre bon office.

EDOUARD.

Moi, plus encor.

CAVERLY.

Comment ! c'était une justice.
Vainqueur, le ministère est par vous raffermi,
Et certe il ne doit pas vous aimer à demi :
Mais ce qu'il aurait fait, il ne peut plus le faire.

EDOUARD.

Mon nom dans le conseil serait impopulaire,

N'est-ce pas ?

CAVERLY.

C'est absurde, et c'est vrai cependant.
Aussi, quand, de nos jours, on est indépendant,
On a l'air, mon ami, d'insulter tout le monde.
J'ai pour l'indépendance une estime profonde ;
Il en faut dans quelqu'un et vous l'avez prouvé :
Je ne sais pas, sans vous, quel homme eût tout sauvé ;
Mais vous n'en recueillez que malheur, qu'amertume :
On vous pique, on vous mord, de la poudre on exhume
Je ne sais quel écrit...

EDOUARD.

Que mon père dément.

CAVERLY.

Avant lui je l'ai fait ; car je trouve alarmant,
Immoral, que la presse à la rigueur nous juge
Sur des torts arriérés qui datent du déluge.
De nos erreurs du jour nous avons bien assez.
Ce Godwin a fouillé dans vos actes passés ;
On l'approuve, il triomphe, à tout il peut prétendre.
La popularité, qui ne sait où se prendre,
S'accroche à lui.

EDOUARD.

Ce choix est aussi trop honteux !

SIR GILBERT.

Cela prouve, Édouard, qu'il en existe deux :
La bonne et la mauvaise.

CAVERLY, à Édouard.

Oui, ce n'est pas la vôtre !
Mais moi, je n'ai voulu de l'une ni de l'autre,
Pour ne pas les confondre.

SCÈNE IV.

LES PRÉCÉDENTS, LADY STRAFFORD.

SIR GILBERT, qui veut se retirer en voyant entrer lady Strafford.

Édouard, je revien.

LADY STRAFFORD, à sir Gilbert et à Caverly.

Demeurez.

ACTE V, SCÈNE IV.

EDOUARD.

Julia! je ne regrette rien,
Non, je n'ai rien perdu si votre amour me reste.

LADY STRAFFORD.

Vous n'avez pas besoin que ma bouche l'atteste ;
Mon cœur vous est connu ; mais interrogez-vous :
Cet éclat d'un nom pur que recherche un époux
Dans l'objet respecté du choix dont il s'honore,
Puis-je, en donnant ma main, vous l'apporter encore ?
Le monde me condamne ; il doit juger ainsi
    (En regardant Caverly.)
Ce qu'il eût admiré si j'avais réussi,
Et ce blâme d'autrui qu'on brave pour soi-même,
Le peut-on affronter pour la femme qu'on aime ?
C'est à vous, sir Gilbert, plus qu'à lui de le voir.
A ses engagements je ne veux rien devoir,
Rien à de vains égards qui sont une faiblesse.
    (A Edouard.)
Vous rendant votre foi, je reprends ma promesse ;
Ainsi vous n'avez plus de liens à briser ;
Soyez libre, Édouard ; loin de vous imposer
Des nœuds dont en espoir je fus heureuse et fière,
Pour vous en affranchir, je les romps la première.

EDOUARD.

Ces nœuds font mon orgueil ; Julia, vous venger,
Protester hautement contre un bruit mensonger,
Du monde, par mon choix, confondre l'injustice,
C'est dignité, c'est gloire et non pas sacrifice.
Ne balancez donc plus.

LADY STRAFFORD.
               Vous ne l'approuvez pas,
Sir Gilbert.

SIR GILBERT.
        Je l'approuve ; il ferait trop de cas
D'un arrêt que pour vous dément sa propre estime,
Si par respect humain il en était victime.

LADY STRAFFORD.

Ce cœur reconnaissant vous rend grâce à tous deux :
Vous l'avez consolé ; le plus cher de mes vœux,
Édouard, le dernier, ce fut de vous entendre

Adoucir mes regrets par un respect si tendre.
J'emporte dans l'exil où je dois vous chérir
Un souvenir de vous qui ne peut plus mourir.

CAVERLY.

Dans l'exil!

EDOUARD.

Par vous-même à mon amour ravie,
Tromper l'unique espoir où j'attachais ma vie,
Quand rien ne nous doit plus séparer désormais,
Partir, et vous m'aimez!

LADY STRAFFORD.

Plus qu'on n'aima jamais ;
Plus que je ne puis dire, et pourtant je vous quitte.
J'ai contracté pour vous la dette que j'acquitte.
Je ne m'en dédis point, ce parti dangereux,
Pour vous je l'adoptai ; j'y persiste pour eux.
Il faut que je les suive, ou que je les ramène.
Ce qui n'était qu'amour peut-être et gloire humaine,
Aujourd'hui c'est devoir ; je n'ai pas murmuré
Quand votre honneur par vous fut à moi préféré ;
Mais ferais-je à mon tour ce que le mien m'ordonne
Si j'abandonnais ceux que le sort abandonne?
Qu'ils reviennent vainqueurs : avec eux je reviens ;.
Je reviens en triomphe, et je vous appartiens...

EDOUARD.

Vain espoir!

CAVERLY.

Il dit vrai...

SIR GILBERT.

Car leur cause est perdue.

LADY STRAFFORD.

Jusqu'à la fin, du moins, je l'aurai défendue.
Le temps seul, Édouard, peut dégager ma foi,
Et libre... mais alors penserez-vous à moi?

EDOUARD.

Vous pleurez! ce dessein...

LADY STRAFFORD.

Il est irrévocable ;
Et mon amour pour vous n'est pas plus immuable.
N'espérez rien des pleurs qui roulent dans mes yeux ;

Pourquoi les retenir, quand ce sont des adieux,
Qu'à peine de retour ici je vous adresse?
Vous cacher ma douleur, c'est nier ma tendresse :
Voyez-la, mon ami ; mais ne m'arrêtez plus ;
Si je n'étouffais pas ces regrets superflus,
On pourrait sur mon front en retrouver la trace ;
(En jetant un coup d'œil sur Caverly.)
Pour des yeux ennemis il faut que je l'efface ;
Car je veux dignement soutenir leurs regards,
Ces pleurs m'aviliraient ; je les sèche et je pars.

EDOUARD, qui veut la suivre.

Du moins...

SIR GILBERT.

Reste, et commande au transport qui t'agite.

SCÈNE V.

LES PRÉCÉDENTS, *excepté* LADY STRAFFORD ; WILLIAM.

WILLIAM, annonçant.

Monsieur Mortins !

EDOUARD.

Chez moi !

CAVERLY.

Mon Dieu ! c'est la visite
Dont vos chers électeurs vous menaçaient tout haut,
Et que j'aurais bien dû vous annoncer plus tôt.

SIR GILBERT.

Dans quel but viennent-ils? Veuillez donc nous l'apprendre.

CAVERLY.

Ils viennent... Mais, tenez, vous allez les entendre.

SCÈNE VI.

LES PRÉCÉDENTS, MORTINS, THOMAS GOFF, DÉPUTATION D'ÉLECTEURS.

EDOUARD.

Puis-je savoir, messieurs, à quel motif je dois
L'honneur inespéré que de vous je reçois?

MORTINS.

Choisi pour exprimer un vœu dont je regrette
Que vos anciens amis m'aient rendu l'interprète,
J'ai cru devoir céder, et ce vœu, le voici.

THOMAS GOFF, apercevant Caverly.

C'est comme un fait exprès : je ne viens pas ici,
Que monsieur, dès l'abord, à mes yeux ne se montre.

CAVERLY.

Il faut bien, quand j'y suis, que monsieur m'y rencontre.

MORTINS, qui a fait signe à Thomas Goff de se contenir.

Si vous avez de nous reçu votre mandat,
Ce fut en contractant, pour qu'on vous l'accordât,
L'engagement sacré d'être en tout point l'organe,
L'écho des sentiments de ceux dont il émane.
L'avez-vous été? non. Mon cœur en a saigné,
Et de vous sans douleur ne s'est pas éloigné.
Je laisse là les bruits qu'on se plaît à répandre ;
Ma plume, en vous blâmant, n'y voulut pas descendre :
Un fait donné pour vrai peut être controuvé,
Et je le maintiens faux tant qu'il n'est pas prouvé.

SIR GILBERT.

C'est honorer, monsieur, et vous-même et la presse.

MORTINS.

Mais un reproche juste et que je vous adresse,
Est d'avoir, au mépris du choix qu'on fit de vous,
Tourné, sous nos drapeaux, vos armes contre nous,
D'avoir répudié notre foi politique.
Soit erreur, soit raison, dans un moment critique,
Vous l'avez fait ; le pacte est par vous déchiré :
Rendez-nous le mandat qui vous fut conféré.

EDOUARD.

A ce dernier affront j'étais loin de m'attendre.

THOMAS GOFF.

Et vous ne trouvez pas un mot pour vous défendre !
Je vous connais donc, moi, qui vous ai tant aimé,
Et qui devrais, morbleu ! me battre à poing fermé,
Pour m'être si longtemps trompé sur votre compte.
Comment ! de père en fils !

ACTE V, SCÈNE VI.

MORTINS, qui veut le calmer.
Songez...

THOMAS GOFF.
C'est une honte.
Monsieur ne veut rien croire, eh bien! moi, je crois tout :
Le mal est toujours vrai quand on le dit partout.
Devant un mot de vous je tombais en extase ;
Mais je suis revenu des grands faiseurs de phrase.
Je veux des hommes purs, incorruptibles, francs,
Comme monsieur Godwin que j'ai mis sur les rangs.

EDOUARD.
Pour me remplacer ?

THOMAS GOFF.
Oui, c'est un homme sincère ;
(A Mortins.)
Et, quoique vous aussi soyez son adversaire,
Je le ferai nommer, parce qu'il ne voudra,
Ne dira, ne fera que ce qui nous plaira,
Quelque bill qu'on propose ; il l'a juré d'avance,
Et moi, ce qu'il me faut, c'est de l'indépendance.

EDOUARD.
Vous n'êtes pas encor par lui représenté :
Je garde mon mandat.

MORTINS.
Vous !

EDOUARD.
Quand je l'acceptai,
Je promis d'exercer ce droit en honnête homme ;
Rien de plus ; et celui qui voulant qu'on le nomme
Engage un avenir que nul ne peut prévoir
Est l'esclave du peuple ou celui du pouvoir.
Je verrai si plus tard il faut que je résigne
Un droit qui m'appartient et dont je reste digne ;
Le calme qui renaît peut être passager :
Je garde mon mandat tant qu'il offre un danger.

MORTINS.
Contre un vœu si formel ! monsieur, prenez-y garde.

THOMAS GOFF.
Si la chance nous vient, savez-vous...

LA POPULARITÉ.

EDOUARD.

Je le garde,
Pour ne m'en dessaisir que par ma volonté ;
Je le garde pour dire à tous la vérité :
Au pouvoir sur son banc, au peuple sur la place,
A vous, puisque chez moi nous voilà face à face.
(A Mortins.)
Ami du bien, monsieur, mais ami dangereux,
Vous n'êtes plus pour moi qu'un rêveur généreux,
Qui, jugeant mal son temps, contre une théorie
Joûrait le sort de tous, sa tête et sa patrie.

CAVERLY.

C'est bien.

EDOUARD.

Vous, monsieur Goff, je vous connais à fond :
Pensant faire à vous seul ce que les autres font,
Vous croyez fermement, grâce à votre poitrine,
Endoctriner autrui quand on vous endoctrine.
Vous voulez être libre, et votre vanité
Pour la défendre mieux tûrait la liberté ;
Mais vous n'auriez jamais dans un jour de désordre
Que le demi-plaisir d'opprimer en sous-ordre.

THOMAS GOFF.

Monsieur !...

EDOUARD.

Pas davantage, et retenez ceci :
Un tyran subalterne est un esclave aussi.

CAVERLY.

Très-bien.

EDOUARD, s'avançant vers Caverly, qui recule.

Vous-même, enfin, vous dont l'indifférence
Rit de tout...

CAVERLY.

Halte-là : si j'en crois l'apparence,
Vous allez ajouter mes vérités aux leurs ;
Je n'ai pas l'honneur d'être un de vos électeurs.
J'aime les vérités qu'aux autres l'on débite ;
Les miennes, nullement ; et je vous en tiens quitte.
(Il sort en saluant avec un sourire railleur Thomas Goff, qui fait un geste
d'impatience.)

THOMAS GOFF.
(A Edouard.)
J'étouffe ! Si jamais vous demandez ma voix !...
MORTINS.
Nous nous sommes parlé pour la dernière fois :
Réfléchissez.
SIR GILBERT, qui arrête Mortins et le ramène sur le devant de la scène.
Deux mots : un écrit me dénonce
(Lui montrant un papier.)
Comme traître à l'honneur, et voici ma réponse.
MORTINS, qui a regardé l'écriture.
De mon père !
SIR GILBERT.
Lisez ; car ma défense est là.
MORTINS.
« MON AMI,

« C'en est fait de la mission dont mon opposition connue
« ne m'avait permis de me charger que sous le secret et par
« votre intermédiaire. Les cinquante mille livres sterling que
« vous m'avez remises pour les employer sur le continent à
« doter mon pays d'une industrie nouvelle, en y faisant pas-
« ser la plupart des familles chassées de France par la révo-
« cation de l'édit de Nantes, cette somme immense, je l'ai
« jouée et je l'ai perdue. Ne publiez cette lettre que si elle
« devient indispensable à votre justification. Je vous le de-
« mande au nom de mon fils qui n'aura plus de père quand
« vous la recevrez.
« FRANCIS MORTINS. »
MORTINS, présentant la lettre à sir Gilbert.
Et vous la publirez, sans doute ?
SIR GILBERT.
Brûlez-la.
MORTINS.
Mais à l'opinion, monsieur, qui vous immole
Qu'opposerez-vous donc ?
SIR GILBERT.
Ma vie et ma parole.
Brûlez-là ; ne dût-on me croire qu'à demi,
Je ne remûrai pas la cendre d'un ami.
MORTINS.
Ah ! vous aurez justice, et je veux vous la rendre,

Autant que je le puis en respectant sa cendre.
    (A haute voix.)
Ce que je dis ici partout je le dirai,
C'est que l'honneur, monsieur, vous fut toujours sacré,
Et qu'en le proclamant par un public hommage
Je venge la vertu dans sa plus noble image.

                SIR GILBERT.
J'avais compté sur vous.
                MORTINS, avec émotion.
                        Édouard, je t'aimais ;
Je t'aime... Séparés ; mais ennemis, jamais !
    (Aux électeurs)
Venez, messieurs ; sortons.

SCÈNE VII.

SIR GILBERT, ÉDOUARD.

                EDOUARD.
                    Trop de malheur m'accable !
Que manque-t-il au mien pour être irréparrable,
    Et que me reste-t-il enfin ?
                SIR GILBERT.
                        Le sentiment
Que laisse au cœur de l'homme un noble dévoûment :
L'orgueil d'avoir bien fait, n'est-ce rien ?
                EDOUARD.
                        Je déteste
La popularité qui, pour moi si funeste,
M'a puni comme ami, comme fils, comme époux,
De n'avoir pas voulu ramper à ses genoux.
        SIR GILBERT, qui entoure Edouard de ses bras.
La poursuivre en esclave, ou la fuir est faiblesse.
Elle te reviendra, comme elle te délaisse :
Accepte son appui, s'il ne te coûte rien ;
Ne l'aime pas pour elle, aime-la pour le bien,
Et reste indifférent quand elle t'abandonne ;
Car la seule fidèle est celle qui couronne
Des travaux accomplis et des jours sans remords :
Mais son laurier, mon fils, n'ombrage que les morts.

FIN DE LA POPULARITÉ.

LA FILLE DU CID.

TRAGÉDIE EN TROIS ACTES.

A L'ESPAGNE.

LES DEUX SOLEILS.

A toi, veuve du Cid, à toi, sœur de la France,
La fleur que j'ai cueillie au jardin de Valence !

    Espagne, il est beau ce soleil
Qui mêle à tes jasmins les roses que tes filles
Suspendent en dansant aux nœuds de leurs résilles !
Souriant dans l'azur, il te cherche au réveil,
Comme heureux d'admirer les trésors qu'il te donne ;
Pour toi sous ses baisers la pomme d'or rayonne,
Et le raisin pour toi s'enlace au fruit vermeil
Dont Grenade t'invite à cueillir la couronne.
Il charge d'épis mûrs ton rivage où deux mers
Viennent en s'enflammant briser leurs flots amers ;
Sous l'aloès, l'acanthe et les lauriers sauvages
De tes vieux monuments il cache les outrages,
Et semble avec des fleurs, des rameaux toujours verts,
Rajeunir leurs débris mutilés par les âges.
Il t'a prodigué tout : fruits sans culture éclos,
Et printemps éternel, et parfums, et lumière :
Comment de ton soleil ne serais-tu pas fière,
    Comme tu l'es de ton héros ?

A toi, veuve du Cid, à toi, sœur de la France,
La fleur que j'ai cueillie au jardin de Valence !

    Mais il est un soleil plus beau
Dont la nuit ne peut plus envahir le domaine :

Sur un peuple affranchi qu'il arrache au tombeau,
Il fait fleurir des lois l'équité souveraine,
Fait germer les vertus aux feux de son flambeau,
Et mûrit les moissons de la pensée humaine.
Ce soleil que tes fils ont vu poindre pour eux,
Ce radieux géant qui doit grandir encore,
Il sort pur des vapeurs d'une sanglante aurore ;
C'est de la liberté le soleil généreux.
Ah ! n'en ternis jamais la splendeur tutélaire !
Pour les mûrir, tes droits, pour te les conserver,
Que l'astre, à son midi, pur comme à son lever,
Ne brûle pas tes yeux du jour qui les éclaire.
Te voilà sans tyrans, reste aussi sans bourreaux,
Le front ceint des rayons d'une double lumière ;
Et de tes deux soleils, veuve du Cid, sois fière,
  Comme tu l'es de ton héros.

Espagne, à toi ces vœux ! à toi, sœur de la France,
La fleur que j'ai cueillie au jardin de Valence !

LA FILLE DU CID.

PERSONNAGES.

LE CID.
ALVAR FANÈS DE MINAYA.
RODRIGUE, son fils.
BEN-SAID, Maure.
L'ÉVÊQUE DE VALENCE.
ELVIRE, fille du Cid.
CHEVALIERS ESPAGNOLS, MAURES, PEUPLE.

(La scène se passe à Valence, en 1094.)

ACTE PREMIER.

(Une salle dans l'Alcazar de Valence).

SCÈNE I.

(D'un côté du théâtre, le Cid endormi, le coude appuyé sur une table, où il a déposé son casque et son épée; de l'autre, Rodrigue en costume de novice, occupé à peindre, et près de lui Elvire, travaillant à une broderie).

LE CID, RODRIGUE, ELVIRE.

RODRIGUE.
Elvire!

ELVIRE.
Eh bien?

RODRIGUE, lui montrant le livre qu'il peint.
Voyez.

ELVIRE.
J'admirais.

RODRIGUE.
En silence,
Et sans lever les yeux.

ELVIRE.

           Dans les champs de Valence,
Où se heurte au soleil le fer des boucliers,
Quand les turbans païens descendent par milliers,
Chacun, en y rêvant, s'occupe à sa manière :
Vous peignez un missel, je brode une bannière ;
La victoire l'attend.

RODRIGUE.

           De mes humbles travaux
Le sort est d'être obscurs.

ELVIRE.

           Vous êtes sans rivaux,
Rodrigue, dans votre art.

RODRIGUE.

           Le dégoût qu'il me donne
Me le rend odieux, ma sœur ; je l'abandonne.

ELVIRE.

Votre sœur ! pas encore.

RODRIGUE.

           Au retour de Fernand.
Ce retour de mon frère est prochain maintenant.

ELVIRE.

Pour lui hâtez-vous donc d'achever cet ouvrage.

RODRIGUE.

Il n'était pas pour lui, mais pour vous.

ELVIRE, avec plus d'intérêt.

           A votre âge,
Quel talent !

RODRIGUE, vivement.

           Vous l'aimez ? Sous ces ornements d'or
Ce livre saint vous plaît ?

ELVIRE.

           Le Cid Campéador,
Votre vaillant parrain, mon père, qui sommeille,
N'eût jamais peint, je crois, cette rose vermeille,
Ces fleurs d'azur, ces lis de blancheur éclatants :
Il fut dans un autre art passé maître à vingt ans.

RODRIGUE.

Le Cid ne portait pas cette robe de bure.

ACTE I, SCÈNE I.

ELVIRE.
Non; son noviciat s'est fait sous une armure :
Le Maure s'en souvient.

RODRIGUE.
Est-ce ma faute, à moi,
Si je passe oublié sur cette terre?

ELVIRE.
Eh quoi !
Alvar Fanès, le brave, a-t-il pu laisser croître,
Peut-il laisser vieillir son fils au fond d'un cloître?
Lui, compagnon du Cid !

RODRIGUE.
Aux autels consacré,
De mon partage, enfant, je n'ai pas murmuré :
Mon frère allait mourir; pour le sauver, ce frère,
A Dieu je fus promis par un vœu de ma mère.

ELVIRE.
Qui vous lie à jamais?

RODRIGUE.
Pour la première fois
Vous me le demandez depuis près d'un long mois...

ELVIRE.
Il vous a paru long?

RODRIGUE.
Que j'ai franchi la grille,
Pour vivre sous le toit du Cid et de sa fille.

ELVIRE.
Bien malgré vous, Rodrigue : il fallut vous forcer
De connaître ce monde avant d'y renoncer.

RODRIGUE.
La règle l'ordonnait.

ELVIRE.
A quoi bon? forme vaine !
Le vœu de votre mère à jamais vous enchaîne.

RODRIGUE.
Il ne peut m'enchaîner sans mon consentement;
L'aurait-elle voulu?

ELVIRE.
Mais cet engagement,
Vous l'acceptez?

RODRIGUE.
Je doute, et c'est là mon supplice.
ELVIRE.
Quand vous pouvez choisir l'armure ou le cilice,
Vous doutez!... Bien du sang aura coulé ce soir ;
Les glaives sont cruels, et mieux vaut l'encensoir :
Préférez aux éclairs dont leur choc étincelle
Le travail innocent où votre main excelle ;
Il promet de longs jours à qui tient des pinceaux.
Préférez aux combats l'art de guérir nos maux,
Et les sucs bienfaisants qui ferment la blessure
Aux armes qui la font : cette gloire est plus sûre.
RODRIGUE.
Quel dédain !
ELVIRE, se levant pour s'approcher d'une fenêtre entr'ouverte.
Et pourtant ces Maures que voilà
Dressent sous nos palmiers les tentes d'Abdala,
Celles de Ben-Saïd.
RODRIGUE.
Cet Africain superbe,
Devant qui les chrétiens sont tombés comme l'herbe,
Glaive exterminateur à qui tout se soumet.
Et qu'ils ont surnommé la faux de Mahomet.
(Allant vers la fenêtre.)
Ben-Saïd !
ELVIRE.
Restez donc : l'éclat des cimeterres
Vous blesserait les yeux !
RODRIGUE, se tournant vers le Cid.
Brisé par tant de guerres,
Pourra-t-il, le héros, soutenir leur effort ?
ELVIRE.
Son œil les a comptés, et regardez : il dort ;
Il dort, et peut dormir, car sur nous son nom veille ;
Mais malheur aux païens : le lion se réveille !
LE CID.
Qu'est-ce ? leur nombre, enfants, vous faisait-il pâlir ?
ELVIRE.
Il faudra bien des bras pour les ensevelir :
Un suffit pour les vaincre !

ACTE I, SCÈNE I.

LE CID.
Il l'essaîra, ma fille,
Et que Dieu soit en aide au banni de Castille!

RODRIGUE.
Alphonse vous peut-il refuser ses secours?

LE CID.
Sait-on de quel côté souffle le vent des cours?
Fanès n'est pas un clerc nourri dans vos écoles :
Il prend plus de châteaux qu'il ne dit de paroles.

ELVIRE.
Saura-t-il adoucir le plus ingrat des rois?

LE CID.
Quand ce roi par l'exil paya trente ans d'exploits,
Qui l'éveillaient la nuit comme autant de fantômes,
Nos adieux, les voici : « Sortez de mes royaumes!
— Desquels, sire? de ceux que j'ai conquis pour vous,
Ou de ceux que pour vous j'ai défendus? — De tous.
—Quand?—Demain.—Aujourd'hui: sans moi gardez les vôtres;
Je vais dans mon exil vous en conquérir d'autres. »
Cela dit, je souris, et je tournai le dos
En sifflant dans ma barbe un vieil air de Burgos.
Mais j'ai tenu parole.

ELVIRE.
Et si bien qu'à son prince
Chaque pas du banni gagnait une province,
Et qu'en marchant toujours de combats en combats
Vous n'avez jamais pu sortir de ses États.

RODRIGUE.
Mais on vient t'arracher Valence, ta conquête,
Mon père.

LE CID.
Prends pour sûr que je leur tiendrai tête ;
Et si, sans le prouver, je perds ici mon temps,
C'est qu'il faut recevoir Ben-Saïd que j'attends.

RODRIGUE.
Lui !

LE CID.
Sur l'ambassadeur je juge l'ambassade.
(Montrant son épée.)
Viens pendre à mon côté ma vieille Tizonade ;
C'est mon porte-respect.

ELVIRE, à Rodrigue.
                Laissez-moi l'attacher ;
Vos saintes mains peut-être ont horreur d'y toucher.
              LE CID.
Tu le railles, je crois, mais à tort : le novice
En habile écuyer m'a rendu ce service.
              RODRIGUE.
A ses dédains, bon Cid, je suis accoutumé.
              LE CID.
Te dédaigner ! qui ? toi ! toi, mon fils bien-aimé !
              RODRIGUE.
Mais aimé de vous seul ; mon père même ignore
Où je cache ma vie, et si je vis encore.
              LE CID.
Sans l'avoir jamais vu, filleul, tu le connais :
Fanès est un démon vieilli sous le harnais ;
Ce n'est que pour Fernand qu'il se sent des entrailles ;
Ta robe lui plaît moins que sa cotte de mailles.
              RODRIGUE.
Et je serais sans vous orphelin ici-bas.
              LE CID.
Pourtant ce fils aîné qui le suit aux combats,
Tu le vaux par le cœur : Elvire, quand la peste
De ce peuple expirant me disputait le reste,
Loin des monts catalans où ses pères en Dieu,
Que j'excuse, après tout, priaient dans le saint lieu,
Et, sans nous secourir, prosternés sur les dalles,
Sentaient l'âge et la peur alourdir leurs sandales,
Il les devança, lui ! Comme un pauvre ramier
Qui défîrait un aigle, il vola le premier,
Ce pieux déserteur, si doux dans son audace,
Droit au mal que son art venait combattre en face,
Sans pâleur, quand le Cid pâlissait...
              ELVIRE.
                        De pitié !
              LE CID.
Qui sait ? le plus hardi n'est brave qu'à moitié
Devant un ennemi dont le bras vous terrasse,
Sans qu'on puisse opposer ni casque ni cuirasse.
Guerroyant loin de nous, pourquoi Fanès alors

ACTE I, SCÈNE I.

N'a-t-il pas vu son fils affronter corps à corps
Et des maux sans remède et des périls sans nombre,
A toute heure et partout : la nuit, creusant dans l'ombre
Une fosse au cadavre, et, le jour, respirant
Sur les restes d'un mort l'haleine d'un mourant ?
Tu l'admirais toi-même.

RODRIGUE.
Est-il vrai ?

ELVIRE.
Je l'avoue.

LE CID.
Les yeux brillants de pleurs, la rougeur sur la joue,
Que de fois tu m'as dit : « Il m'apprend, l'orphelin,
« Que le cœur d'un héros peut battre sous le lin ! »

RODRIGUE.
Vous, pour qui rien n'est beau que la gloire des armes,
Vous, Elvire ! et vos yeux trouvaient pour moi des larmes !

ELVIRE.
Il était généreux de s'exposer ainsi ;
Mais les femmes, Rodrigue, ont ce courage aussi.

RODRIGUE.
Vous l'aviez.

LE CID.
A seize ans. Quel est donc le courage
Que ma fille n'a point ? Mais contre ton usage,
Elvire, que d'éclat ! Voici les diamants
Qui furent la rançon des cinq rois musulmans
Qu'un premier coup d'épée a faits mes tributaires.
C'est ta dot ; car mon maître a confisqué mes terres,
Mon beau fief de Bivar ; et moi, les cent châteaux,
Le butin, les trésors, prix de mes longs travaux,
Tout, j'ai chargé Fanès d'offrir tout à mon maître.

ELVIRE.
Vous, l'arrogant vassal, le révolté, le traître !

RODRIGUE.
Vous, son fidèle ami, mais non pas son flatteur.

LE CID.
Triste ami pour un roi qu'un sujet bienfaiteur !

ELVIRE.
Celui qui va venir doit voir cette parure.

RODRIGUE.

Qui ? Fernand ?

ELVIRE.

Ben-Saïd ; comme un sinistre augure
Du sort qui le menace.

LE CID.

Héroïque fierté !
Les joyaux des captifs vont bien à ta beauté,
Et je redeviens jeune en voyant dans sa gloire
Rayonner sur ton front ma première victoire.
Ta mère les portait, quand, belle comme toi,
Mais quelque peu moins fière, elle reçut ma foi.
Et le marbre la couvre !... Où sont ces nuits, Chimène,
Dont les brises tout bas t'allaient conter ma peine ?
Que je souffrais alors et que j'étais heureux !
O chagrins qu'on maudit, désespoirs amoureux,
Le cœur que vous fuyez ne sait plus où se prendre...

(A Elvire.) (A Rodrigue.)
Mais je t'afflige ; et toi, tu ne peux me comprendre,
Toi qui n'aimes que Dieu. Laissons-là mes beaux jours ;
Doit-on en cheveux blancs parler de ses amours ?

ELVIRE.

O ma mère !

LE CID.

Quel bruit ?

RODRIGUE, qui regarde par la fenêtre.

Ce fier Almoravide,
L'ambassadeur s'avance, et tout un peuple avide,
Accouru pour le voir, le suit avec stupeur.

ELVIRE.

La faux de Mahomet aux enfants a fait peur.

LE CID, à son épée.

Tu vas la voir de près, ma fidèle compagne,
Patience ! et dans peu nous rentrons en campagne,
Puisque les Sarrasins ont juré que jamais
Ton vieux maître ni toi ne dormirez en paix.

SCÈNE II.

LE CID, RODRIGUE, ELVIRE, BEN-SAID, MAURES, PEUPLE.

BEN-SAID, après avoir regardé quelques moments le Cid sans parler.
A la fin, noble Cid, nous voilà face à face !
J'ai traversé les mers, les monts, et dans l'espace
J'ai semé par milliers les trépas entre nous
Pour t'apprendre mon nom et t'en rendre jaloux :
En troubler ton sommeil est l'honneur qui me tente ;
Le tien m'a si souvent réveillé sous ma tente !

LE CID.
Je fais ce que je puis, Maure, et ferme les yeux,
Sans m'informer, le soir, si quelque autre a fait mieux ;
Pas même toi : partout pour brave on te renomme ;
Mais il reste toujours, si grand que soit un homme,
Gloire pour tous au champ, comme place au soleil,
Et jamais aucun nom n'a troublé mon sommeil.

BEN-SAID.
Tu le dis : je te crois ; mais ta réponse est fière,
Quand les vents jusqu'à vous apportent la poussière
Que chassent devant eux nos épais bataillons,
Quand vingt rois sur ce bord plantent leurs pavillons.
S'il eût commandé seul ces tribus innombrables
Comme les feux du ciel et les grains de vos sables,
Ben-Saïd, à traiter ne s'avilissant point,
T'aurait redemandé, son cimeterre au poing,
Le sang dont Tizonade, en frappant, s'est trempée...
Car on sait aux déserts le nom de ton épée ;
Et ce Babieça qui sous toi fend les airs,
On le cite en exemple aux coursiers des déserts.
J'eusse écrasé les tiens ; je hais toute ta race,
Hors toi seul ; ta clémence égale ton audace.
Ils m'ont porté, les tiens, deux coups si douloureux,
Qu'au hasard d'y périr, de mes griefs contre eux
J'aurais déjà cherché jusque dans tes murailles
La réparation au fond de leurs entrailles.
Devant les yeux d'Alla fut-il courroux plus saint ?
Mais homme qui se venge et femme qui se plaint !

Je ferai mon devoir ; bien qu'un pareil message
Dût le froisser, ce cœur où saigne mon outrage,
Bien que de ma vengeance il dût briser l'espoir,
J'ai voulu m'en charger.

LE CID.
Pourquoi donc ?

BEN-SAID.
Pour te voir.

Écoute ; mais d'abord regarde cette plaine ;
Nous serons cent contre un : est-il vaillance humaine
Qui puisse te sauver si tu n'es secouru ?
Et de tes alliés pas un seul n'a paru.
Dans l'infant d'Aragon en vain ton cœur espère :
Il ne sait que pleurer ; car j'ai tué son père.
En vain dans la Navarre : orpheline par moi,
La Navarre est sans chef ; car j'ai tué son roi.
Que te reste-t-il donc ? la Castille ; elle est brave,
Alphonse est brave aussi ; mais il te veut esclave ;
Tu refuses de l'être, il te trahira.

LE CID.
Non.

Sors d'ici, Ben-Saïd, ou respecte son nom !

BEN-SAID, lui présentant une lettre.
Cet écrit teint du sang d'un messager fidèle,
Il vient de la Castille, et répondra pour elle.

LE CID, à Rodrigue, après avoir jeté les yeux sur la lettre.
C'est de ton père ; lis.

RODRIGUE.
De mon père, et je vois
Ces caractères saints pour la première fois !

LE CID.
Lis.

RODRIGUE, lisant.
« Quand devant son trône il m'a vu paraître :
« Que veut un ingrat ? m'a crié ton maître.
« J'ai dit : Cet ingrat vous offre aujourd'hui
« Les forts et châteaux conquis par sa lance ;
« Il vous offre aussi les clefs de Valence,
« Où mille dangers vont fondre sur lui.
« S'il les brave seul, l'ingrat, c'est vous, sire ;

ACTE I, SCÈNE II.

« Nul n'a fait assez pour vous l'oser dire ;
« Le Cid l'aurait pu ; partant je le puis :
« Où le Cid n'est pas, c'est moi qui le suis. »

LE CID.

Il l'est en effet.

RODRIGUE.

« Je ne sais quel duc pendant l'ambassade
« Murmurait ton nom d'un air de bravade.
« Pour lui faire au cœur rentrer son dédain,
« J'enfonçai du poing, à double reprise,
« Mon casque d'acier sur ma tête grise,
« Et je dis tout haut à ce baladin :
« Qui parle du Cid se taise, ou demeure
« Pour bien averti que je veux sur l'heure
« Châtier sa langue, et que je le puis :
« Où le Cid n'est pas, c'est moi qui le suis. »

BEN-SAID.
           Voilà comme on t'offense !

ELVIRE.

Et contre l'offenseur comme on prend sa défense !

LE CID, à Rodrigue.

Poursuis.

RODRIGUE.

« N'attends rien du roi, que Dieu lui pardonne !
« Quant à moi, jamais, puisqu'il t'abandonne.
« Mais, avec mon fils et quelques vaillants,
« Je pars au galop quand le jour va poindre... »

RODRIGUE, à part, en s'interrompant.

Fernand revient !

ELVIRE, prenant la lettre dans sa main.
          Donnez.

(Elle lit.)

« Mais, avec mon fils et quelques vaillants,
« Je pars au galop quand le jour va poindre.
« Fanès te joindra, dût-il, pour te joindre,
« Offrir sa poitrine à mille assaillants.
« Sur leurs corps à tous je passe, et ramène,
« Comme toi jadis aux pieds de Chimène,
« Deux rois, mon vieux Cid, et cinq si je puis :
« Où le Cid n'est pas, c'est moi qui le suis. »

LE CID, à Ben-Saïd.
                    Je te promets
Que, puisqu'il me l'affirme, il le fera.
            BEN-SAID.
                        Jamais !
Cid, ma tribu, Murcie, et Grenade et Séville,
D'un cercle étincelant environnent ta ville.
De ce côté, le fer ! le fer de ce côté !
De tous, la mort !... je viens t'offrir la royauté.
Maître du beau pays qu'enferment ces montagnes,
Vois fleurir sous ta loi le jardin des Espagnes ;
Règne : cet Abdala dont je suis l'envoyé
T'aime encor mieux debout que par lui foudroyé,
Au prix dont tes exploits lui vendraient ta défaite ;
Règne, et garde la part que ta vertu t'a faite.
En protégeant le tien, tu nous as convaincus
Que tu sais respecter le culte des vaincus.
Règne, mais affranchi d'un honteux vasselage :
A ton Dieu seul ta foi, comme à lui ton hommage !
Ton alliance à nous ! c'est l'acheter pour rien
Que payer d'un royaume un bras tel que le tien.
            LE CID, à Elvire.
C'est à toi de répondre : un jour tu seras reine ;
Infante, qu'en dis-tu ?
            ELVIRE.
                    Que je comprends à peine
Qu'on vous puisse engager à salir deux blasons,
Nobles entre tous ceux des plus nobles maisons.
Moi, reine ? je le suis :
            (Montrant les diamants.)
                    Voilà mon diadème.
Encor faible, il l'a pris à plus fort que toi-même.
Mes sujets sont tous ceux qui l'admirent ; partant
Ma royauté va loin, jusqu'où son nom s'étend.
Le titre offert par vous ferait tache à sa gloire ;
S'il ne le dédaignait, Ben-Saïd, tu peux croire
Qu'il s'en fût couronné sans le congé d'autrui.
C'est ce qu'il m'autorise à répondre pour lui,
Pour l'honneur offensé de ma double famille,
Pour Gormas et Laignez, moi, la petite-fille

ACTE I, SCÈNE II.

Du Gormas dont le bras vous a vingt fois défaits,
De ce Diègue Laignez, qui par mille hauts faits,
Maure, fut dans son temps l'épouvante du Maure,
Moi, la fille du Cid qui les surpasse encore,
Qui compte à soixante ans plus d'exploits que de jours,
Qui vous a tant vaincus et vous vaincra toujours.

LE CID.
Tu l'entends, Ben-Saïd.

RODRIGUE, à part.
                Ah ! la vierge immortelle
Que j'invoque à genoux, je la rêve moins belle !

BEN-SAID.
Le plus fier Africain quelquefois soupira
Aux pieds des cent beautés qui peuplent l'Alhambra ;
Mais en les adorant nous ne descendons guère
Jusqu'à les consulter sur la paix ou la guerre.
L'avis de nos imans a pour nous plus de poids
Et le tien, que j'ai vu, te parle par ma voix.
L'injustice du prince absout le gentilhomme,
Et ton pieux iman, qu'on révère et qu'on nomme
Le flambeau de la foi dont tu fus le soutien,
L'évêque de Valence absoudra le chrétien.

LE CID.
Maure, quand il s'agit d'être loyal ou traître,
Je ne consulte femme, ambassadeur ni prêtre.
Mon évêque est mon juge en son saint tribunal,
Et vous savez, vous tous, si, quand j'ai fait le mal,
J'humilie assez bas le pécheur dans la poudre
Sous les doigts que ce juge a levés pour m'absoudre,
Et si mon Rédempteur voit chrétien plus fervent
De sa table céleste approcher plus souvent ;
Mais l'intérêt d'État, c'est moi seul qu'il regarde,
Non l'Église ; et ce fer dont je touche la garde
Au pape l'a prouvé, quand du trône romain
Sur mes droits d'Espagnol il allongea la main.
La guerre ! je la veux ; la victoire, j'y compte :
Mon prélat m'absoudrait, si j'acceptais ma honte,
Mais des doigts seulement ; il m'absoudra du cœur,
Quand je l'aurai sauvé, si je reviens vainqueur.

BEN-SAID.

La guerre donc ! Fidèle à celui qui m'envoie,
J'ai fait tout pour la paix qui m'arrachait ma proie ;
La guerre me la rend : vos remparts vont crouler,
Et le sang des chrétiens comme l'eau va couler.
Que sur sa croix brisée à mes pieds leur Dieu tombe !
Je veux que leur conquête aujourd'hui soit leur tombe.
Quant à Fanès, je cours au-devant de ses pas,
Et j'affirme à mon tour qu'il ne reviendra pas.

LE CID.

Nous verrons qui de vous tient le mieux sa parole.

BEN-SAID.

Mais, avant qu'il m'abatte ou que ce fer l'immole,
Un mot encor ! Sois juste : accusés de complots,
Quelques Maures ici pleurent dans vos cachots ;
Aucun d'eux avec nous n'était d'intelligence :
Délivre-les.

LE CID.
   Peux-tu prouver leur innocence ?

BEN-SAID.

Je puis par Mahomet l'attester devant toi.

LE CID.

Par l'honneur, Ben-Saïd ?

BEN-SAID.
    Par l'honneur !

LE CID.
      Je te crois.
Ils reverront le ciel.

BEN-SAID.
    Pour prix de ta justice,
S'il est jamais en moi de te rendre un service,
Parle et je t'entendrai, fais un signe et j'accours ;
Mais l'œuvre qui m'attend n'admet plus les discours ;
Je te quitte... Ta main, seul chrétien que j'admire !
A ceux de ma tribu je serai fier de dire
Que j'ai touché ta main.

LE CID.
   La voilà !

BEN-SAID.
     Cet adieu,

ACTE 1, SCÈNE IV.

C'est le dernier peut-être : en défendant son Dieu,
Un de nous dans la tombe aujourd'hui peut descendre
LE CID.
Alors, paix à ton âme !
BEN-SAID.
Et toi, paix à ta cendre !
Au revoir !
LE CID.
Au revoir !

SCÈNE III.

LE CID, ELVIRE, RODRIGUE, PEUPLE.

LE CID, au peuple qui s'agenouille devant lui.
Espagnols, levez-vous !
Par le Christ et les saints ! je vous sauverai tous.
Si vous avez du cœur, jeunes gens, leurs richesses
Seront votre butin pour parer vos maîtresses.
Vieillards, en les armant, racontez à vos fils
Les prouesses d'honneur que vous faisiez jadis.
Éveillez dans leur sein le démon des batailles,
Femmes ; ils reviendront. Vous, enfants, aux murailles
Si je vous vois courir, votre fronde à la main,
Avec ces turbans-là vous vous joûrez demain ;
J'en jure Dieu !
(A un vieillard qui porte un coffre sous son bras.)
C'est toi ! dépose ici ton gage ;
(Lui indiquant une pièce voisine.)
Et va m'attendre, juif !
(Au peuple.)
Trois heures de courage :
Nous les battrons. Allez !

SCÈNE IV.

LE CID, ELVIRE, RODRIGUE.

LE CID, qui revient en rêvant.
Il est trop vrai, c'est lui ;
J'y comptais : les dix ans expirent aujourd'hui.

RODRIGUE, avec douleur, à part.

Fernand revient !

ELVIRE, au Cid.

Pardon si je suis indiscrète ;
Mais qu'avez-vous ?

LE CID.

Forcé d'acquitter une dette
Qu'au château de Bivar je contractai jadis,
Je n'ai pas pour le faire un seul maravédis.

RODRIGUE.

Ma mère en expirant m'a laissé peu de chose ;
Ce peu qui m'appartient, que le Cid en dispose.

LE CID.

Grand merci, cher filleul ! mais, quand j'accepterais,
Comment payer ma dette et dix ans d'intérêts ?
Le bon juif a laissé s'accumuler la somme.

ELVIRE.

Vous pouvez d'un seul mot faire trembler cet homme.

LE CID.

J'ai toujours observé qu'avec son air si doux
Leur sexe à la rigueur incline plus que nous.
Oui, je lui peux d'un mot mettre la mort dans l'âme,
Mais je ne le veux pas : c'est son bien qu'il réclame.
Le bien même d'un juif doit être respecté ;
Pièce à pièce par lui quand son or est compté,
Il rêve en le prêtant aux sueurs qu'il lui coûte,
Et c'est son propre sang qu'il compte goutte à goutte.
(Montrant le coffre.)
Ce garant de ma foi d'ailleurs lui fut donné.

ELVIRE.

Qu'il lui soit en paîment par vous abandonné.

LE CID.

Je le plaindrais.

ELVIRE.

D'où vient...

LE CID.

C'est une vieille histoire,
Que je veux vous conter, mais bien bas, pour ma gloire.
« A nous, Campéador !... m'avait écrit le roi,
« Voici les Sarrasins. » Pas un réal chez moi

Pour équiper ma bande et la conduire en plaine !
Alors de mon manoir la douce châtelaine,
Qui voyait mon souci, te mit sur mes genoux,
Me quitta, puis revint en m'offrant ses bijoux.
Je crois l'entendre encor : « Tiens, mon Cid, va les vendre :
« Le Sarrasin, dit-elle, est là pour me les rendre. »
A quoi je répondis : « Chimène, mes amours,
« Il te rendra ton bien avant qu'il soit dix jours. »
J'emportais les brillants ; mais est-il femme ou fille
Qui se puisse tenir d'admirer ce qui brille?
Non : les vouloir, les prendre, et ne plus les lâcher,
C'est ce que fit Elvire ; et j'eus beau me fâcher :
Dans son courroux d'enfant qui la rendait plus belle,
Tenant toujours sa proie, elle osa, la rebelle,
Lever, pour se défendre, en lionne qu'elle est,
Ses deux petits poings nus contre mon gantelet.

RODRIGUE, vivement.

Vous l'avez ôté, Cid ?

LE CID.

Oui, mais je fis en sorte,
Elvire, que ta main ne fût pas la plus forte.
Tu te pris à pleurer, et, tout gonflés, tes yeux
Faisaient à ce trésor de si tristes adieux,
Que je sentis mon cœur s'amollir de tendresse ;
La pitié l'emporta. Jamais, c'est ma faiblesse,
Aux larmes d'un enfant je n'ai su résister ;
Et je dis à Chimène : Il faut la contenter.
Qui sourit? ce fut toi : j'avais mis bas les armes ;
Sourire plus charmant, lorsqu'il fit sous tes larmes
Rayonner de plaisir ton visage vermeil,
Qu'à travers une pluie un éclair de soleil !
Et folle, et radieuse, ivre de ta victoire,
Tu vins du bout du doigt tirer ma barbe noire,
Toi qui tremblais alors, peureuse, en la baisant ;
Mais tu n'en as plus peur : elle est blanche à présent.

ELVIRE.

O bonté !

LE CID.

Qu'on soit faible, on est bientôt coupable.
Ce coffre, va l'ouvrir.

(Il lui donne la clef.)

ELVIRE, qui l'a ouvert.
Quoi? du sable!

LE CID.
Oui, du sable;
Car ma Chimène et moi nous l'en avions rempli
Quand je fis à ma table asseoir le juif Éli;
Et l'ayant bien traité, je dis d'une voix ferme :
« Éli, pèse ce coffre, et, sur ce qu'il renferme,
« Vois si tu veux prêter trois mille pièces d'or.
– « En l'ouvrant, dit le juif, je verrai mieux encor.
– « Non; et par Salomon, quand tu l'auras pour gage,
« A ne l'ouvrir jamais ta loyauté s'engage.
« Dans un an, ou dans dix, tu le rapporteras,
« Et pour les intérêts prends ce que tu voudras;
« Je paîrai. »

RODRIGUE.
Que fit-il?

LE CID.
Soit peur, soit confiance,
Il prêta sur ce gage.

ELVIRE.
Avec pleine assurance :
L'or de votre parole était dedans.

LE CID.
Très-bien !
Mais cet or désormais est pour lui moins que rien.
Sa somme, il la voudra, s'il craint qu'un coup de lance
Avec son débiteur n'emporte sa créance.
Eh bien, devant ce juif me vois-tu confessant,
Moi, chrétien, gentilhomme, un mensonge innocent,
Dont je n'ai pas rougi dans un moment d'alarme,
Mais un mensonge enfin : j'aimerais mieux sans arme,
Les rênes dans les dents, me jeter à travers
Les plus fiers Grenadins dont nos champs sont couverts,
Les Maures les plus noirs de la Mauritanie,
Que boire le dégoût d'une telle avanie.

ELVIRE.
J'ai fait le mal, mon père, et le veux réparer.

LE CID.
Tu le pourrais !

ACTE I, SCÈNE V.

ELVIRE.

De lui je vais vous délivrer,
En femme que je suis, et sans rigueur aucune,
Quoi que vous en disiez.

LE CID.

Tu me gardes rancune
Pour un mot que j'ai dit.

ELVIRE.

Je cours vous le prouver,
En bravant un péril que vous n'osez braver.
Eût-il un cœur de marbre, il deviendra sensible ;
C'est moi qui renverrai cet ennemi terrible,
Puisque le Cid le craint, et je me fie à vous
Du soin de balayer ceux que nous craignons tous.

LE CID.

Va donc ; je m'abandonne, Elvire, à ta prudence.

SCÈNE V.

LE CID, RODRIGUE.

LE CID, qui la suit des yeux.

Comme sa digne mère elle est ma providence.
(A Rodrigue.)
Mais je tarde à remplir un devoir important :
Ma foi, que Ben-Saïd a reçue en partant,
Je vais la dégager.

RODRIGUE.

Un seul mot !

LE CID.

Je t'écoute.

RODRIGUE.

Pardonnez, ô mon père, un adieu qui me coûte.

LE CID.

Tu veux nous fuir ?

RODRIGUE.

Ce monde est pour moi sans appas ;
Quand j'y voudrais rester, je ne le pourrais pas ;
J'y serais méconnu...

LE CID.
Toi!
RODRIGUE.
Méprisé peut-être.
LE CID.
Eh! de qui donc?
RODRIGUE.
Du Cid je ne crains pas de l'être :
Il n'importe ; ce monde où m'attend le mépris,
Je ne le puis comprendre et n'y suis pas compris,
Pas même de ma sœur.
LE CID.
Ton reproche m'étonne.
RODRIGUE.
Je ne l'accuse pas ; je n'accuse personne.
Moi seul j'y suis de trop, qui, consumé d'ennui,
Serais, sans qu'on m'aimât, tout amour pour autrui.
J'y renonce, mon cœur s'était fait violence ;
Mais il succombe au mal qu'il dévore en silence.
LE CID.
Quel est-il ?
RODRIGUE.
Le besoin de revoir cette croix,
D'où le Dieu qui m'attend m'a béni tant de fois,
Et de m'agenouiller sous la nef solitaire,
Où l'on n'entend plus rien des vains bruits de la terre.
LE CID.
Lorsque ton père approche et qu'il va t'embrasser.
RODRIGUE.
Hélas! j'ai peur de lui.
LE CID.
Fanès te repousser!
Il ne le ferait pas.
RODRIGUE.
Mon unique espérance
Serait donc qu'il me vît avec indifférence.
C'est un supplice encor.
LE CID.
Pense à ton frère.

ACTE I, SCÈNE V.

RODRIGUE.

         Oh ! lui,
Un si charmant espoir pour ses regards a lui,
Qu'enivré de sa joie il n'a qu'une pensée,
C'est de revoir ici sa noble fiancée...
Car leurs nœuds de bien près vont suivre son retour?

LE CID.

Sitôt que les combats le rendront à l'amour.

RODRIGUE.

Pour moi dans ce cœur plein reste-t-il une place?
Non ; le présent m'accable et l'avenir me glace :
Je veux partir.

LE CID.

    La route est libre au bord des mers.
Mais le cloître, mon fils, a des jours bien amers :
C'est avec désespoir qu'on entend sonner l'heure
Où, jeune, on rejeta ce que plus tard on pleure,
Et qu'on les sent, ces vœux si légers autrefois,
Retomber sur un cœur qu'ils brisent de leur poids.
Au temps où j'habitai Saint-Pierre de Cardène,
Plus d'un moine, saisi d'une douleur soudaine,
Au doux aspect des champs, des bois lointains, des eaux,
Murmura : Si j'avais les ailes des oiseaux !...
Sans leur faire expliquer ce qu'ils n'osaient pas dire,
Avec eux tristement j'échangeais un sourire.
Crois donc un vieux soldat, mauvais clerc, moins savant
Sur les choses du ciel qu'on ne l'est au couvent,
Mais qui sait mieux le monde, et voit avec tristesse
Que des vœux imprudents enchaînent ta jeunesse.

RODRIGUE.

Si je reste, je meurs.

LE CID.

      Va donc, cher exilé,
Dans cette arche de paix d'où tu t'es envolé ;
Nous nous y reverrons.

RODRIGUE.

      C'est tout ce que j'espère :
Hors vous, qui donc viendrait?

SCÈNE VI.

LE CID, RODRIGUE, ELVIRE.

ELVIRE.

Il est parti, mon père.

LE CID.

Comment l'as-tu séduit ? par quel charme... mais quoi !...
Ton front sans ornements m'a répondu pour toi.
Elvire, qu'as-tu fait ?

ELVIRE.

La reine de Valence
A donné sa couronne.

LE CID.

Enfant, quelle imprudence !
J'aurais dû le prévoir, et c'est ma faute.

RODRIGUE.

Eh bien,
Je l'avais prévu, moi.

LE CID.

Tu n'avais que ce bien ;
Que te restera-t-il pour ressource dernière,
Si ces damnés païens abattent ma bannière,
Et, contre tous enfin ne pouvant lutter seul,
Si je suis vaincu ?

ELVIRE.

Vous !

LE CID.

Si je meurs ?

ELVIRE.

Un linceul ;
C'est assez.

LE CID.

Tes regards, tes paroles de flamme
A qui n'en aurait pas pourraient donner une âme,
Rendraient le plus timide incapable d'effroi.
Viens donc, viens dans mes bras, fille digne de moi,
Digne de tes aïeux, mais la plus pauvre fille
Du plus pauvre hidalgo de toute la Castille.

ELVIRE.

Du plus noble.

ACTE I, SCÈNE VII.

LE CID.
En amis faites-vous vos adieux :
Par des vœux éternels il va s'ouvrir les cieux.
ELVIRE.
Lui !
LE CID.
Loin de son couvent sa vie est un supplice.
Nous irons assister, Elvire, au sacrifice :
Vers Dieu, je veux pour lui tendre en le bénissant
Ces mains que la victoire aura teintes de sang.
(A Rodrigue.)
Je reviens t'embrasser.

SCÈNE VII.

ELVIRE, RODRIGUE.

RODRIGUE.
Et vous irez, Elvire ?
ELVIRE.
C'est aux célestes biens qu'enfin votre âme aspire ;
Et, quittés comme nous, dont je ne parle pas,
Ces bords n'ont point d'attraits qui retiennent vos pas.
Eh quoi ! sans qu'à la fuir votre vertu balance,
Vous avez habité notre belle Valence !
Vous avez, au doux bruit des eaux de son jardin,
A l'enivrant parfum que son printemps sans fin
Exhale vers le ciel qui de fleurs la décore,
Rêvé la liberté plus enivrante encore ;
Vous l'avez respirée, et le cloître est vainqueur.
Sublime effort, Rodrigue ! on doit s'unir du cœur
Au saint plaisir qu'en vous un tel triomphe excite :
Allez ; il vous honore, et je vous félicite.
RODRIGUE.
Je subis mon arrêt. La gloire au fils aîné,
La gloire et le bonheur : il vous est destiné ;
L'ombre du cloître à l'autre !
ELVIRE.
Humilité profonde,
Que je respecte !... adieu !

RODRIGUE.
Je le sens, dans ce monde
Je ne vous verrai plus.
ELVIRE.
Ce n'est pas moi qui pars,
C'est vous ; et quand la guerre entoure nos remparts,
Le jour est bien choisi. Du moins, pour nous défendre,
Fernand nous restera.
RODRIGUE.
Puisse Dieu vous le rendre,
Ce Fernand qui vous aime et que vous aimez tant !
Puisse-t-il aux périls échapper en portant
La chaîne qu'à son cou je suspendis moi-même,
Et que bénit la main du pontife suprême :
Qu'il vive ; l'avenir lui garde un sort si doux !
Moi, je pars ; quelquefois pensez que, loin de vous,
Souffre un pauvre être obscur courbé dans la poussière,
Et qui vers Dieu pour vous élève sa prière.
ELVIRE.
Prier le Dieu qui sauve et rend victorieux,
C'est défendre en effet Valence auprès des cieux,
Et rester pur du sang versé pour sa querelle.
Notre sexe, Rodrigue, aura le même zèle ;
Il vous imitera dans ce devoir chrétien ;
Il prîra comme vous : car prier nous sied bien,
A nous, humbles de cœur et faibles que nous sommes ;
Et j'ai vu toutefois s'agenouiller des hommes ;
Un guerrier prie aussi, mais de fer revêtu,
Mais quand il va combattre ou qu'il a combattu.
RODRIGUE.
Eh ! que pourrais-je ici, moi, pour votre défense,
Moi, dans l'horreur du meurtre élevé dès l'enfance,
Et qui souffre à penser que tant de malheureux
Vont pour un nom, du bruit, se déchirer entre eux.
ELVIRE.
Pour la gloire !
RODRIGUE.
Comment me serait-elle chère ?
A qui l'offrir ? D'ailleurs, éclipsé par mon frère,
Je serais le dernier de ceux qui combattront.

ACTE I, SCÈNE VII.

J'aime mieux dans un cloître aller cacher mon front.
Que deviendrais-je ici ?

ELVIRE.
Sans que je me fatigue
A vanter un Laignez qui se nomme Rodrigue,
Rodrigue comme vous, je dirai seulement
Qu'il devint des guerriers l'honneur en un moment.

RODRIGUE.
Ah ! je l'admire, lui ; c'était là de la gloire !...
Pourquoi m'en accabler ?

ELVIRE.
Roulant dans sa mémoire
L'insulte du Gormas, voyez-vous ce vieillard ?
Il n'a pour ses amis parole ni regard ;
De peur de les flétrir, sa honte, il la dévore ;
Car d'un déshonoré l'haleine déshonore.
Don Diègue attend son fils qui cherche l'offenseur,
Et les mets qu'on lui sert sont pour lui sans douceur ;
Il n'y saurait toucher ; morne son front se penche,
Et de longs pleurs muets mouillent sa barbe blanche.
Il pleurait, le vieillard, et tant qu'il ne vit pas
Rodrigue qui rentrant, le fer nu sous le bras,
Les bras sur sa poitrine, à trois pas de la table,
Contemplait sans parler sa face vénérable.
Rodrigue approche enfin, s'incline, et d'un air doux
Mais fier, où le respect remplaçait le courroux,
Il prend sa main et dit : « Mangez, mon noble père.
— « Moi, mon fils ! — Relevez ce front que je révère.
— « Le puis-je ?--Oui.--Que dis-tu ?--Que nous sommes vengés.
— « Il est donc puni ? — Mort : ô mon père, mangez. »
Moine, qu'aurait-il fait ? mains jointes sous la bure,
Moine, il eût prié Dieu de pardonner l'injure.

RODRIGUE.
Digne fils d'un tel père, il aurait déchiré,
Pour faire ce qu'il fit, son vêtement sacré.
Mais un père à mon bras a-t-il remis sa cause ?
Suis-je l'heureux soutien où son espoir repose ?
Ai-je un père ? Mon âme, où vous avez régné,
S'ouvrait pour une sœur, et j'en fus dédaigné.
Eh bien, sous ses dédains mon âme s'est flétrie.

N'ayant père ni sœur, je n'ai point de patrie ;
Rien pour elle ! son sein devant moi s'est fermé ;
Non, rien ; point de patrie à qui n'est pas aimé !

ELVIRE.

Vous vous faites outrage et vous en avez une,
Et ce cœur aime en fils notre mère commune ;
Il vit, il bat pour elle ; en vain vous le niez :
Car il est bon, ce cœur que vous calomniez ;
Il est grand ; il s'émeut à cette voix chérie,
Et souffre tous les maux que souffre la patrie.
Ne l'entendez-vous pas se plaindre dans les vents
Où de leur étendard flottent les crins mouvants ?
Ne la voyez-vous pas tressaillir à la place
Qui d'un pied sarrasin garde à regret la trace ?
Oui, vous voulez combattre, et vaincre, et la sauver ;
Mais, quand ce bras pour elle est prêt à se lever,
Un pouvoir inconnu que je ne puis comprendre
Vous pousse à la trahir au lieu de la défendre.

RODRIGUE.

Mais que voulez-vous donc, vous qui me méprisez ?
M'arracher mon secret ? quoi ! ma sœur, vous l'osez !
Non pas ma sœur ; ce titre et me pèse et m'irrite ;
Il fait trembler mon corps du frisson qui m'agite ;
Il trouble ma raison ; sais-je en vous le donnant
Si je chéris encore ou déteste Fernand ?
Je vois entre nous deux un être pur, un ange,
Mais fier, mais indigné, qui me hait, qui se venge,
Eh ! de quoi donc, grand Dieu ? d'être aimé de si bas.
Il m'obsède, il consume en impuissants combats
Ma force qui s'éteint, ma vertu qui se lasse,
Et rend mortel pour moi l'air où son souffle passe.
Son nom, si je restais, m'échapperait ici
En m'écrasant de honte, Elvire, et vous aussi.
Sauvez-moi ; laissez-moi le lien qui m'arrête ;
Pour vous comme Fernand, si j'exposais ma tête,
Je voudrais ce qu'il veut ; ce qu'il est je le suis.
Que dis-je ? Il est aimé ; voilà pourquoi je fuis ;
Ce que je crains, c'est moi ; pour la mort, je l'appelle ;
Près de vous, loin de vous, je n'ai d'espoir qu'en elle ;
Mais loin de vous du moins sans honte elle m'attend.

ACTE I, SCÈNE VIII.

Ah ! qu'elle soit prochaine, et je mourrai content !

ELVIRE.

Obéissez, Rodrigue, à Dieu qui vous entraîne ;
Séparons-nous ; fuyez.

RODRIGUE.

    Chargé de votre haine ;
Et pour toujours !

ELVIRE.

  Le Cid !

SCÈNE VIII.

LE CID, RODRIGUE, ELVIRE ; CHEVALIERS : *un d'eux porte une bannière.*

LE CID.

    Mon casque ! il faut partir.
A l'appel des clairons qui vient de retentir,
Creusant du pied le sol, Babieça s'étonne
Et demande où je suis lorsque la charge sonne.
 (A tous les chevaliers.)
Au galop ! car Fanès est en face de nous.
Pour arriver à lui poussez droit devant vous
Sans relever vos morts, tout d'une haleine ; et lâche
Qui s'arrête vivant à moitié de sa tâche !
Me jurez-vous, amis, d'aller jusqu'où j'irai ?

LES CHEVALIERS.

Oui, tous.

LE CID.

  Me jurez-vous que sanglant, déchiré,
Le dernier qui vivra, plutôt que ma bannière
Devant ces mécréants fasse un pas en arrière,
Sous les pieds des chevaux rendra son âme à Dieu ?

LES CHEVALIERS.

Nous le jurons.

LE CID.

  Au champ !.... et vous, enfants, adieu !

SCÈNE IX.

LE CID, RODRIGUE, ELVIRE; FANÈS, *en désordre, un tronçon d'épée à la main.*

LE CID.

Que vois-je? lui, Fanès!... ce brave à qui tout cède
Ne laisse pas le temps de courir à son aide.
Viens, mon victorieux, te jeter dans mes bras,
Mais viens donc!

FANÈS.
    C'est plus tard que tu m'embrasseras...
Allons le chercher.

LE CID.
 Qui?

FANÈS.
   Marchons!

LE CID.
      Que veux-tu dire?

FANÈS, aux chevaliers.
Comme père aujourd'hui, guerriers, je dois maudire
Ceux que tout Espagnol maudit comme chrétien.

LE CID.
Toi, Fanès!

FANÈS.
   Dans leurs rangs j'ai laissé mon soutien.

LE CID.
Tu reviens seul?

FANÈS.
   Oui, seul.

LE CID.
    Ton fils?

FANÈS.
      A l'avant-garde,
En le brisant, ce fer rougi jusqu'à la garde,
J'ai passé.

LE CID.
 Mais ton fils?

FANÈS.
   Il était le dernier.

ACTE I, SCÈNE IX.

LE CID.

Il est prisonnier?

FANÈS.

Lui!... son corps est prisonnier;
Son âme est libre.

ELVIRE.

O ciel!

RODRIGUE.

Fernand!

LE CID.

Gloire à son ombre !
Gloire et vengeance à tous!

FANÈS.

O fureur! sous le nombre,
Ils sont tombés vaincus dans les rangs ennemis.

ELVIRE.

Vaincus! non : las de vaincre, ils s'y sont endormis.

FANÈS.

Noble parole, Elvire!

RODRIGUE, à part.

Ah! je l'aimais, mon frère.

FANÈS.

J'étais trop orgueilleux, ami, d'être son père.
Je te le comparais; je disais : Il ira
Aussi loin que le Cid; il le surpassera.
Je l'ai cru, je l'ai dit, et c'était un blasphème;
Mais pense au fol orgueil qu'inspire un fils qu'on aime.

LE CID.

Le perdre ainsi!

RODRIGUE, à part.

Mes vœux n'ont pu changer son sort,
Et ce collier pour lui fut un présent de mort.

FANÈS.

Mon appui, mon héros, ma race tout entière,
Mon Fernand est là-bas couché dans la poussière.
S'il y reste, eh bien, moi, j'y veux rester aussi.
Marchons, ou j'irai seul. Ai-je quelque souci
Qu'on accompagne ou non, qu'on laisse ou qu'on rapporte
Fanès de Minaya dont la famille est morte?
Fanès n'avait qu'un fils, il n'en a plus!

LA FILLE DU CID.

LE CID.

Qui ! toi ?

FANÈS.

Je n'en ai plus ; pourtant, je suis maître de moi.
Tiens, vois : j'ai les yeux secs ; à d'autres temps les larmes !
C'est du sang qu'il me faut.

RODRIGUE, s'élançant au milieu de la scène.

Et moi, ce sont des armes !

ELVIRE.

Qu'entends-je ?

LE CID.

Qu'as-tu dit ?

RODRIGUE.

Que je reprends mon nom.
Devenu le dernier de ma noble maison,
Je viens revendiquer l'honneur que j'ai d'en être ;
Je le veux soutenir, je l'accroîtrai peut-être ;
Ou, si l'accroître encore est plus que je ne puis,
Périr pour ma maison, c'est prouver que j'en suis.

ELVIRE, à part.

Je l'avais bien jugé.

LE CID, à Fanès.

Connais-tu ce jeune homme ?

FANÈS.

Ah ! quel que soit son nom, c'est un brave.

LE CID.

Il se nomme
Fanès de Minaya.

FANÈS.

Se peut-il ?

LE CID.

Son parrain
Le présente à son père.

FANÈS.

Où suis-je ?

RODRIGUE.

Votre main ;
Laissez-moi la baiser.

FANÈS.

Quoi ! c'est mon fils !

ACTE I, SCÈNE IX.

ELVIRE.

Le vôtre :
Dieu vous en a pris un, il vous en rend un autre.

FANÈS.

Lui, que j'ai renié, lui, que loin de mes yeux
Je crus enseveli sous un linceul pieux !
C'est mon sang !... Ah ! son cri me suffit pour le croire :
N'as-tu pas dit, enfant, que tu veux de la gloire ?

RODRIGUE.

Je l'ai dit.

FANÈS.

Que tu veux soutenir et venger
L'honneur de ma maison ?

RODRIGUE.

Quel qu'en soit le danger ;
Je le veux.

FANÈS.

C'est mon fils ; je le vois, je l'embrasse ;
Je sens sous mes baisers ressusciter ma race !

RODRIGUE.

Armez mon bras !

FANÈS.

Viens, Cid !

(A Rodrigue.)

Tous deux nous t'armerons ;
Nous te voulons tous deux chausser tes éperons ;
Mais il faut, en frappant et d'estoc et de taille,
Les gagner entre nous au fort de la bataille ;
Il faut me le ravoir, ce corps qui m'est si cher.
Jette le froc aux vents, plus de robe, du fer !
Du fer sur ta poitrine, un casque sur ta tête !
L'étoile des Fanès à s'éteindre était prête ;
Que son éclat vengeur brille sur ton cimier,
Et mort au Sarrazin, qui la voit le premier !

LE CID.

J'approuve son ardeur, je l'aime, mais diffère :
Qu'en nous voyant à l'œuvre il apprenne à bien faire.
Sauter ainsi d'un bond de l'autel au combat,
C'est tout mettre au hasard. Le métier du soldat,
Si généreux qu'on soit, veut quelque apprentissage :
L'habitude est en nous la moitié du courage.

20.

ELVIRE.
Le Cid vit le danger pour la première fois,
Et c'est cette fois-là qu'il défit les cinq rois !

FANÈS.
Vrai Dieu ! ceux de mon sang ont l'âme bien trempée :
Un cierge pour leurs mains est plus lourd qu'une épée;
N'est-ce pas, mon Rodrigue?

RODRIGUE.
                    Allons !

LE CID.
                            J'espère en lui :
Ce qu'il doit être un jour, qu'il le soit aujourd'hui !

FANÈS, aux chevaliers.
Suivez-nous, compagnons ; suivez sa jeune lance ;
Pour reprendre Fernand et pour sauver Valence,
Suivez les deux vieillards et le jeune guerrier !

RODRIGUE.
Je vais combattre, Elvire !

ELVIRE.
                    Et moi, je vais prier.

ACTE DEUXIÈME.

SCÈNE I.

FANÈS, CHEVALIERS.

FANÈS.
Nous aurions dû les vaincre ou mourir à la peine.
Puisque les deux partis veulent reprendre haleine,
Épuisés par la lutte et comme épouvantés
Des coups qu'ils ont tous deux ou reçus ou portés,
Laissez-moi ; mon chagrin cherche la solitude.
Vous dont les bras sanglants tombent de lassitude,
Allez : je vous ai vu gagner en Castillans
L'honneur de vous asseoir au banquet des vaillants.

Ma présence animait d'une gaîté plus vive
Ces repas où le brave a la mort pour convive ;
Mon défi de buveur lui fut porté souvent ;
Ce temps n'est plus ! Mais vous, riez en la bravant.
Triste, je ne veux pas attrister votre joie,
Et je dois porter seul les maux que Dieu m'envoie.
Mon fils ! cherchez mon fils ! je l'attends.

SCÈNE II.

FANÈS, *seul*.

Malheureux !
Ma honte que j'étouffe est un secret pour eux.
Sur le dernier du nom, avant qu'on la connaisse,
Que du bras paternel le châtiment s'abaisse,
Puisqu'il a pu, celui qui porte un nom pareil,
A cinq cents ans d'honneur mentir en plein soleil !
Mais le voilà !

SCÈNE III.

LE CID, FANÈS.

FANÈS.

C'est toi !

LE CID.

Je veux que tu m'écoutes.

FANÈS.

J'attends quelqu'un.

LE CID.

Qui donc ?

FANÈS.

Mon fils.

LE CID.

De qui tu doutes ?

FANÈS.

Que n'en suis-je à douter !

LE CID.

J'ai vu ce qu'il a fait.

FANÈS.

Et tu dis qu'à l'honneur ce fils n'a pas forfait ?

LE CID.

Certe.

FANÈS.

Et quand tu le dis, tu ne sens pas la rage,
La honte, devant moi, te monter au visage ?

LE CID.

Je n'ai point à rougir.

FANÈS.

N'es-tu pas son parrain ?

LE CID.

Je l'excuse aujourd'hui ; je le loûrai demain.

FANÈS.

Mais tu l'as vu faiblir.

LE CID.

Généreuse faiblesse !

FANÈS.

C'était vertu ?

LE CID.

Qui sait ?

FANÈS.

Opprobre à ma vieillesse,
i l'affront fait aux miens n'est par moi réparé !

LE CID.

Comment?

FANÈS.

En le tuant.

LE CID.

Fanès !

FANÈS.

Je le tûrai.

LE CID.

Tais-toi.

FANÈS.

Quand le rameau s'est flétri jeune encore,
Il faut le séparer du tronc qu'il déshonore.

LE CID.

Il faut venir en aide à sa fragilité,
Pour qu'il couronne, un jour, le tronc qui l'a porté.

FANÈS.

Va-t'en !

LE CID.

Pourquoi ?

FANÈS.
Tes bras deviendraient son refuge.
LE CID.
Ils le seront.
FANÈS.
Va-t'en !
LE CID.
Je resterai.
FANÈS.
Pour juge
Je veux que nous n'ayons que Dieu seul entre nous.
Il vient là ; cette main le jette à mes genoux ;
Je lui donne un moment pour recueillir son âme :
« Allons, votre prière !... » et puis meure l'infâme !
Je fais justice, et cours chercher en combattant
Ma place au lit funèbre où son frère m'attend.
LE CID.
Toi, son père !
FANÈS.
Le père est juste et non barbare,
Qui prodigue un vil sang dont le fils est avare.
LE CID.
Était-ce bien son sang qu'il voulut épargner ?
FANÈS.
De la mêlée alors pourquoi donc s'éloigner ?
LE CID
Quel sentiment saisit cette âme vierge encore,
Quel trouble l'agitait, quelle horreur? je l'ignore ;
Mais au-devant du choc sans crainte il a volé ;
Sous leurs coups, qu'il cherchait, il n'a pas chancelé.
Soigneux de les parer plutôt que de les rendre,
Le premier qu'il porta, ce fut pour me défendre ;
Le sang jaillit : alors, je le vis frissonner,
Comme atteint par le coup qu'il venait de donner.
FANÈS.
Eh ! quand on lâche pied, qu'importe qu'on frissonne
De celui qu'on reçoit ou de celui qu'on donne ?
Faible qui sans pâlir ne meurt pas à son rang,
Et faible qui pâlit à l'aspect d'un mourant !
Il a manqué de cœur.

LE CID.
                    Il en eut trop peut-être :
Non de ce cœur tranquille et qui, si fier de l'être,
Aux combats endurci, nous fait voir de sang-froid
Tous leurs maux comme un bien ou du moins comme un droit;
Mais de ce cœur sensible aux douleurs, à la plainte,
Ému qu'il est encor par la pieuse crainte,
Par la douce pitié dont les hommes de Dieu
L'ont rempli dès l'enfance à l'ombre du saint lieu.

FANÈS.
Tu m'éclaires : je vois leur damnable artifice,
Et je soupçonne, moi...

LE CID.
            Quoi donc?

FANÈS.
                        Un maléfice.
Afin de ramener la brebis au bercail,
Tous ces capuchons noirs se sont mis en travail ;
Ils ont traîtreusement formé quelque pratique
Pour amollir l'acier de cette âme héroïque,
Pour refroidir l'ardeur du fier sang dont il sort.
Leur ruse a fait mouvoir quelque secret ressort;
Ils l'ont frappé d'un charme, oui, d'un charme invincible :
Car c'est chose inouïe, incroyable, impossible,
Qu'un Minaya jamais dans la lice ait failli,
Et qu'un poil de sa barbe ait de peur tressailli.

LE CID.
Devaient-ils en soldats exercer leur tutelle
Dans la maison de paix, et leur règle veut-elle
Qu'ils forment un novice à notre art meurtrier?
Ils en ont fait un prêtre, et non pas un guerrier.
Quand il aurait eu peur...

FANÈS.
            C'est donc vrai?

LE CID.
                            Je le nie ;
Mais faudrait-il s'en prendre à quelque noir génie ?
De plus braves que nous ont eu leur jour d'effroi.

FANÈS.
Pas moi du moins !

ACTE II, SCÈNE III.

LE CID.

Toi-même.

FANÈS.

Encore un coup, pas moi !

LE CID.

Toi comme un autre.

FANÈS.

Non !

LE CID.

A ta première affaire...

FANÈS.

Non !

LE CID.

Ton cœur a battu plus fort qu'à l'ordinaire.

FANÈS.

Jour de Dieu ! non !...

LE CID.

C'est sûr.

FANÈS.

Tu le crois ?

LE CID.

Je le crois.

FANÈS.

Tu n'as donc pas dit vrai pour la première fois ?

LE CID.

Un démenti, Fanès !

FANÈS.

A qui m'insulte en face
Je le donne.

LE CID.

A ton Cid !

FANÈS.

Choisis l'heure et la place :
Je ne crains pas le Cid.

LE CID.

Je le sais.

FANÈS.

Pas autant
Que tu vas en champ clos le savoir à l'instant.

LE CID.

Conviens qu'il fera beau, Fanès, nous voir aux prises,
Nous, leur exemple à tous, leurs chefs, nous, têtes grises !

Nos jeunes hidalgos sont prompts à s'emporter,
Et c'est une leçon qui doit leur profiter :
Ils feront comme nous. Eh quoi ! si la colère
Allait jusqu'à t'armer contre le sein d'un frère,
Le sein que tant de fois tu vins couvrir du tien,
Tes entrailles pour moi ne te diraient donc rien ?
Tu crois ton bras bien fort ; mais, Fanès, qu'il me blesse,
Et toi, qui de ton fils accuses la faiblesse,
Devant un peu de sang reculant aujourd'hui,
Tu sentiras le cœur te manquer comme à lui ?

FANÈS.

Pardonne, j'étais fou.

LE CID.

Vieille barbe !

FANÈS.

Pardonne !
Tu sais qu'au moindre choc le sang-froid m'abandonne.
Je ne fus jamais bon qu'à me battre, à mourir ;
Mais à mourir pour toi dont je dois tout souffrir,
Dont la volonté calme ou me pousse ou m'arrête ;
Que suis-je, moi ? le bras, et le Cid est la tête.
Mais peut-on m'en vouloir ? j'étais si malheureux !
Je le suis tant ! Deux fils !... hélas ! j'en avais deux !
Le premier dans sa gloire à mes côtés succombe,
Et je ne puis pour lui conquérir une tombe...

LE CID.

Ben-Saïd, qui par eux l'aura fait respecter,
Forcera ses vainqueurs à te le rapporter.
Il aurait dû déjà répondre à mon message.

FANÈS.

Le second...

LE CID.

De son frère il est la digne image :
Fernand fut ton orgueil, Rodrigue est ton espoir.
Je le verrai, Fanès ; c'est moi qui dois le voir,
Moi seul.

FANÈS, *qui éclate en sanglots et tombe sur un siége.*

Il a traîné mon blason dans la boue !
J'ai beau rougir des pleurs qui me brûlent la joue,
Ils sortent malgré moi. Je dois faire pitié,

ACTE II, SCÈNE IV.

Faire honte, mon Cid, à ta vieille amitié.
Un soldat, sur un fils qui de lui n'est pas digne,
Pleurer comme une femme ! aussi, je m'en indigne.
Et j'ai perdu Fernand, et je n'ai pas pleuré !
Mais lui n'était que mort ; l'autre est déshonoré.

LE CID.
On vient.

FANÈS.
Ah ! cache-moi ! cache-moi !

LE CID.
C'est Elvire.

FANÈS, à voix basse.
Sur ce malheureux-là promets de ne rien dire.

LE CID.
Je le loûrais.

SCÈNE IV.

LE CID, FANÈS, ELVIRE.

ELVIRE.
Mon père, enfin je vous revois,
Sans blessure et vainqueur !

LE CID.
Pas encor.

ELVIRE.
Mais la croix,
Qui les a repoussés malgré leur résistance,
Entre eux et nos remparts a mis quelque distance.
Courage ! encore un pas de ce signe divin,
Et nos yeux sur ces bords les chercheront en vain.
Mais parmi les héros que votre exemple enfante
Rodrigue lève-t-il sa tête triomphante ?
Est-ce lui qui de vous s'est le plus approché ?
Que dis-je ? à vos côtés sans doute il a marché.
Vos preux l'admiraient-ils ? Perdus dans sa poussière,
Qu'il a dû de bien loin les laisser en arrière !
Comment vous égaler sans les surpasser tous ?

LE CID, montrant Fanès.
Mon Elvire !...

ELVIRE, qui vient à lui.
Pardon ! noble Fanès, c'est vous

Que doit enorgueillir le succès de ses armes;
Son honneur, c'est le vôtre; ah ! parlez... Dieu ! des larmes !
Contre un malheur si grand, vous que j'ai vu si fort,
Vous pleurez !

LE CID.
Par pitié !...

FANÈS, à part.
Que répondre ?

ELVIRE.
Il est mort !

FANÈS, au Cid.
Tais-toi.

ELVIRE.
Rodrigue est mort !

FANÈS, au Cid.
Son erreur est cruelle;
La vérité pourtant le serait plus pour elle.
L'entendre me tûrait.

ELVIRE.
Immolés sous vos yeux,
Ils vont en nous vengeant rejoindre leurs aïeux.
Que de gloire et de deuil dans la même journée,
Où la même douleur deux fois vous est donnée !
Vous n'irez pas, du moins, entre leurs deux tombeaux
Pleurer seul, prier seul sous des lauriers si beaux;
J'y veux porter aussi mes pleurs et ma prière.
Rodrigue !... Quoi ! si jeune, et d'une armée entière
Le modèle à vingt ans !... Hélas ! il s'est hâté
De faire en moins d'un jour son immortalité.
De la céleste paix c'est Dieu qui le retire
Pour cueillir au combat les palmes du martyre;
Il les cueille, et vers Dieu trop prompt à retourner,
Il n'a pris que le temps de vous en couronner.

LE CID, à Elvire.
Tu lui brises le cœur. Viens, Fanès.

FANÈS.
Ah! ma fille,
Ce titre a pu deux fois t'unir à ma famille :
Un coup, bien que mortel, ne m'a pas abattu;
Mais contre le second je reste sans vertu :
Jamais, jamais, ma fille !

(Le Cid l'entraine.)

SCÈNE V.

ELVIRE.

Ainsi jeunesse et gloire,
Première émotion que donne la victoire,
Magnanimes plaisirs qu'à peine il a connus,
Lauriers pour lui fanés aussitôt qu'obtenus,
Tout s'est anéanti. Quand son père l'approuve,
Quand je puis l'avouer, cet amour que j'éprouve,
Il est mort ; et ce cri : « Rodrigue, je t'aimais !... »
Rodrigue, mort pour moi, ne l'entendra jamais !
Pour moi ; je l'ai voulu ; sa perte est mon ouvrage.
Pouvais-je donc, ô ciel ! douter de son courage ?
Avais-je, en l'adorant, besoin pour l'admirer
De l'exposer au coup dont il vient d'expirer ?
Il fut à lui, ce cœur que la reconnaissance,
Qu'un pur enthousiasme a mis sous sa puissance,
Du jour que je le vis, ange consolateur,
Braver d'un front si calme un fléau destructeur.
Mais aussi que ce cœur, honteux de se connaître,
A pris un soin cruel d'humilier son maître !
Dans quelle rigueur feinte il chercha des secours !
De quels traits dédaigneux il arma mes discours !
Je dus cacher mes feux, puisqu'ils étaient un crime ;
Ce ne fut pas assez, je l'en rendis victime ;
A ses humbles vertus, superbe, j'insultai ;
Je l'accablai du poids de leur obscurité.
De son sang, de ses jours, je ne tins aucun compte,
Pour faire de sa gloire une excuse à ma honte ;
Je voulus qu'il fût grand, illustre ; je voulus
Qu'il devînt un héros, et ce héros n'est plus !
Il n'est plus !... Sois heureuse : à ta bouche inhumaine
Pas un mot n'échappa qui démentît ta haine ;
Tu sus te vaincre, Elvire, et devant son cercueil
Cet aveu de ta force est doux à ton orgueil.
Triomphe : à t'en louer tu dois trouver des charmes,
Et c'est faiblesse à toi que de verser des larmes.
Ah ! faiblesse ou vertu, qu'importe ? En liberté
Je les laisse pour lui couler avec fierté.

Que ne peut-il les voir ; témoins de mon délire,
Si ces yeux ranimés dans les miens pouvaient lire,
Que j'y mettrais d'amour! comme je laisserais
Ma sainte idolâtrie éclater sur mes traits !
Dans quels tendres aveux je la voudrais répandre,
Pour le désabuser, le venger, et lui rendre
En bonheur, en ivresse, en orgueil d'être aimé,
Tous les chagrins cuisants dont je l'ai consumé.

SCÈNE VI.

ELVIRE, RODRIGUE.

ELVIRE, qui se retourne et pousse un cri.

Ah ! que vois-je ? Rodrigue !

RODRIGUE.
  Elvire !

ELVIRE.
    Est-il possible ?
Où suis-je ? ai-je à mes maux trouvé la mort sensible ?
Rodrigue, est-ce ton ombre ? ou, conservé pour moi,
Qui te pleure et qui t'aime, ô Rodrigue, est-ce toi ?

RODRIGUE.
Qu'entends-je ?

ELVIRE.
  Il vit !... ton bras s'est ouvert un passage ;
Au plus épais des rangs jeté par ton courage,
On t'en croyait victime ; un courage plus grand,
Un prodige héroïque à mon amour te rend !

RODRIGUE
Est-ce vous qui parlez ? Quelle pitié vous touche,
Vous égare, et quels mots sortent de votre bouche !
Aimé ! j'étais aimé ! je le suis, et de vous !
Répétez cet aveu si cruel et si doux ;
Qu'il inonde mon cœur d'une ivresse nouvelle,
Et que je meure, ô Dieu ! pour mourir aimé d'elle !

ELVIRE.
Toi, mourir !... quoi ! ce cri de mon âme élancé,
De mon front pâle encor l'effroi mal effacé ;
Quoi ! des pleurs qu'ils versaient mes yeux encore humides.

Pour toi qui veux mourir sont des garants perfides !
Ce que t'ont dit ma voix et le trouble où je suis,
Il faut te le redire : Eh bien donc, je ne puis
Ni cesser de t'aimer, ni t'aimer davantage ;
Eh bien, ce cœur vaincu t'appartient sans partage.
Te l'a-t-il assez dit ? En subissant tes lois,
Est-il dans sa tendresse assez fier de son choix,
Lorsque je reconnais que ta jeune vaillance
A, sur les pas du Cid, conquis son alliance ;
Que ma main dans ces nœuds, dont j'aime à me vanter,
Trouve autant de lauriers qu'elle en doit apporter ?
Car, en m'en couronnant, c'est aux tiens que je donne
Cette main que, toi mort, ne méritait personne ;
C'est à ceux dont pour moi tu viens de te couvrir,
A ceux qui les suivront, et que me doit offrir
Dans le cours d'une vie en victoires féconde
Le bras d'un Cid nouveau qui se révèle au monde.

RODRIGUE.

Arrêtez : cette main qu'à votre erreur je doi,
Loin de me la donner, retirez-la de moi ;
Ou plutôt armez-la contre un sein qui s'élance
Au-devant de ma peine et de votre vengeance.
Vengez-vous de mes torts sans les avoir appris,
Et qu'au moins par vos coups j'échappe à vos mépris.

ELVIRE.

Qui peut me démentir quand je te rends justice ?

RODRIGUE.

Moi, c'est moi ; mais que n'ai-je, ô ciel ! par quelque indice
Pressenti le bonheur où j'étais appelé !
Il eût changé mon être, il l'eût renouvelé ;
A ces hommes de fer il m'eût rendu semblable.
Devenu par amour comme eux inexorable,
Je n'aurais pas alors, intrépide à moitié,
En étouffant la peur, écouté la pitié.
A travers mon espoir j'aurais d'un œil avide
Vu, comme eux, sans pâlir, cette gloire homicide,
Et me serais plongé, sans reculer d'un pas,
Dans cette œuvre de mort qui ne les émeut pas.

ELVIRE.

Reculer !

RODRIGUE.

Je l'ai fait. Quand j'ose vous l'apprendre,
Je sais à quelle honte ici je vais descendre ;
Je le dis devant vous, le dirais devant eux ;
Nier la vérité n'est-il pas plus honteux ?
Oui, dès que j'eus frappé, je détestai ma rage,
Et reculai d'horreur en voyant mon ouvrage ;
Je l'ai fait : je ne fus barbare qu'à demi.

ELVIRE.

A la face du ciel, et devant l'ennemi ?

RODRIGUE.

A la face du ciel dont j'ai cru la voix sainte,
Et devant l'ennemi que j'affrontais sans crainte.
Quand j'ai senti sous moi mon coursier frémissant
Nager jusqu'au poitrail dans un fleuve de sang,
Bondir, les pieds rougis, sur des chairs palpitantes ;
De mon premier exploit quand, les mains dégoûtantes,
J'ai du meurtre, à mon tour, respiré la vapeur,
Mon bras en retombant s'est glacé de stupeur.
Il venait de porter une atteinte trop sûre ;
J'entendis une voix sortir de la blessure ;
J'entendis mon arrêt de la mort s'élever.
Qui ? moi, fait pour guérir, pour convaincre et sauver,
En les fermant, ces yeux dont j'éteignais la flamme,
J'avais d'un même coup tué le corps et l'âme !
Laisser là des bourreaux l'un contre l'autre armés,
Était-ce fuir ? j'ai fui : méprisez-moi ; n'aimez,
N'admirez que ces preux, instruits dès leur jeune âge
A noyer leurs remords dans les flots du carnage ;
Elvire, adorez-les ! pour devenir fameux
Sur leur trace sanglante, il faut sentir comme eux.
Dans leur superbe cœur c'est la gloire qui crie ;
La douce humanité, la nature attendrie,
Qui plus haut que la gloire ont crié dans le mien,
Qui me condamnaient, moi, ne leur reprochaient rien.
Ces durs exécuteurs des célestes colères
Frappaient des ennemis et je frappais des frères ;
Poussés par l'honneur même à leur percer le sein,
Ils étaient des héros ; j'étais un assassin.

ELVIRE.

Et le Maure a vu fuir devant son cimeterre

Un avenir si grand, l'orgueil héréditaire
De tant d'exploits passés, quand cinq siècles d'aïeux
Du haut de leurs tombeaux avaient sur vous les yeux...
Mais non, tu me trompais ; et par cette imposture
Tu me rendais, cruel, torture pour torture ;
Non, toi qui m'es si cher, toi qui le sais, oh ! non,
Tu n'as pu perdre ainsi ton avenir, ton nom,
Cet honneur qu'à la vie un Sarrasin préfère ;
Non, je ne te crois pas ; non, tu ne l'as pu faire ;
Non, tu ne l'as pas fait !

RODRIGUE.
            Je vous offre à genoux
Des jours que j'apportais à mon père en courroux ;
Les voilà ! prenez-les ; soyez impitoyable.
Innocent devant Dieu, mais devant vous coupable,
Je vous l'offre, ce sein ; qu'il soit par vous frappé,
Encor tout palpitant d'un bonheur usurpé.
Du moins, je fus heureux ! punissez-moi : ma faute
Est d'avoir fait rougir une vertu si haute
Par l'aveu d'un amour qui ne m'était pas dû,
Trop indigne à ses yeux de l'avoir entendu !

ELVIRE.
Il est donc vrai. Qui ? vous... Castillan, gentilhomme,
Dernier espoir d'un sang qu'entre tous on renomme
Pour noble, et que pour brave on proclame entre tous,
Minaya, fils d'Alvar, filleul du Cid, qui ? vous !...
Ah ! Rodrigue !
            (Elle s'enfuit.)

SCÈNE VII.

RODRIGUE, *qui est resté à genoux.*

            Et pourtant, moi qu'elle outrage en face,
Des miens je me sens l'âme ; ils m'ont de cette audace,
Qui bouillonnait en eux, transmis le feu sacré.
Je ne suis pas de vous un fils dégénéré ;
Mânes de mes aïeux, je ne suis pas un lâche ;
    (Il se relève.)
Non, je ne le suis pas !... et sans fin, sans relâche,
Sous leurs mortels dédains ses yeux m'accableront,

Et dans leurs yeux à tous je trouverai l'affront.
Éternelle agonie où ma vertu succombe !
La tombe est préférable, et j'y descends... la tombe !
Sans crime avec ce fer puis-je donc me l'ouvrir ?
Le cloître ! j'y serais des siècles à mourir.
Ainsi flétri, perdu, je n'ai plus de refuge,
D'abri contre la honte !... ô mon père, ô mon juge,
Viens, toi, viens sur ton fils assouvir ta fureur ;
Ah ! viens, frappe, et de vivre épargne-lui l'horreur !

SCÈNE VIII.

RODRIGUE, LE CID.

LE CID.

Rodrigue !

RODRIGUE, à part, en faisant un pas pour sortir.
Où me cacher ?

LE CID.
Reste.

RODRIGUE, de même, en se rapprochant du Cid.
Mon sang se glace.

LE CID.
Nos braves au banquet vont bientôt prendre place.

RODRIGUE.
Et le Cid ne va pas s'asseoir au milieu d'eux ?

LE CID.
Tête à tête, filleul, nous dînerons tous deux.

RODRIGUE.
Avec vous, moi ?

LE CID.
Veux-tu ?

RODRIGUE.
Moi !

LE CID.
Cœurs à toute épreuve,
D'un tel acharnement ils n'ont jamais fait preuve ;
Sans avoir mis à bas trois Maures de sa main,
Pas un pour m'obéir n'a rebroussé chemin.
De ces vieux batailleurs l'orgueil est intraitable :

Il faut leur ressembler pour s'asseoir à leur table,
Et... n'en dis rien, de moi je ne suis pas content ;
Je me suis mal montré.

RODRIGUE.
Se peut-il ?

LE CID.
En partant,
J'avais la tête fière ; on eût dit à m'entendre
Que dans ma noble ardeur je devais tout pourfendre ;
Mais, soit qu'un mal soudain plus tard vînt l'amortir,
Soit que le froid des ans se fît en moi sentir,
Je n'étais plus le Cid.

RODRIGUE.
Quoi !

LE CID.
N'en parle à personne ;
Il se peut qu'à leur table un d'entre eux le soupçonne,
Il me raillerait.

RODRIGUE.
Vous ?...

LE CID.
Sans pitié : que veux-tu !
Comme ces démons-là je n'ai pas combattu ;
En un mot, j'ai faibli.

RODRIGUE.
Qui ? vous !

LE CID.
Je le confesse.
Qu'est-ce donc après tout qu'un moment de faiblesse !
De meilleur champion l'âme parfois s'abat ;
Il n'en est que plus fort à son premier combat.
Par sa faute affermi, loin qu'il s'en décourage,
Contre lui, contre tous, je ne sais quelle rage
Le transporte, et le pousse à tenter des efforts
Qui lui font en héros réparer tous ses torts.
Au repas qu'on leur sert là-bas ma place est prise ;
Mais à souper, vrai Dieu ! je l'aurai reconquise.

RODRIGUE.
Ce fier Campéador qui jamais n'a tremblé...

LE CID.
Jamais, c'est beaucoup dire.

RODRIGUE.
                Aujourd'hui s'est troublé ?

LE CID.
Comme si j'en étais à mon apprentissage.
Me mêler avec eux n'aurait pas été sage ;
Je t'ai cherché, mon fils ; tu sais ma peine : voi
Si tu me trouves bon pour manger avec toi ?

RODRIGUE.
Ah ! j'ai perdu mes droits à cet honneur insigne.

LE CID.
Pour m'avoir obéi quand ma main te fit signe,
Quand ma voix t'ordonna, filleul, de t'éloigner ?

RODRIGUE.
A moi ?

LE CID.
      Mon mal, Rodrigue, aurait pu te gagner,
Et contre mon exemple il fallait te défendre.
J'ai parlé de manière à me bien faire entendre,
Et tout le monde a su que tu m'obéissais.

RODRIGUE.
Mon honneur est sauvé ?

LE CID.
             Comment ! tu faiblissais !...
Nous étions en malheur ; mais toi, c'est excusable :
Un novice à l'autel voit-il rien de semblable ?
Au spectacle du meurtre il y reste étranger,
En semant sur le lin les fleurs de l'oranger ;
Jamais le sang versé n'y laissa de vestige ;
Le voir sans être ému serait presque un prodige.
Un jour j'ai tourné bride aux monts d'Albaracin
Où son aspect d'horreur a soulevé mon sein.
Faisons donc table à part, mais gaîment, que t'en semble?
Nous prendrons au dessert notre revanche ensemble,
Et tout braves qu'ils sont, si tu le veux, ce soir
Le plus brave entre nous sera fier de s'asseoir.

RODRIGUE.
O mon père ! ô clémence ! ô douceur adorable !
Pour me faire innocent, tu te faisais coupable.

ACTE II, SCÈNE VIII.

Je mourais si d'un mot tu m'avais outragé,
Et tu rends à la vie un cœur découragé :
Il renaît ; laisse-moi cacher dans ta poitrine
Ce front que le remords sous tes bontés incline ;
Laisse-moi, soulagé du poids de mes douleurs,
Respirer l'héroïsme en y cachant mes pleurs.

LE CID, qui le tient embrassé.

Répands, jeune lion, répands ces pleurs que j'aime :
Ils n'auront sur mon sein de témoin que toi-même.
Quand il touche à l'honneur qu'un souffle ternirait,
Pour qu'un avis profite, il faut qu'il soit secret.
Le courage qui tue à tes yeux est furie ;
Rodrigue, il est devoir s'il venge la patrie.
Le meurtre est juste alors ; pense qu'en triomphant
C'est elle, c'est ton Dieu que ta vertu défend,
Non le bruit qu'après toi laissera ta mémoire,
Et que l'humanité ne sied qu'à la victoire.
Tu le sens, n'est-ce pas? et tu veux devenir
Le vaillant que ton nom promet à l'avenir ;
Tu prouveras à tous qu'en toi revit ton frère,
Et seras ce qu'il fut, l'orgueil de ton vieux père.

RODRIGUE.

Mais perdre Elvire ; ô ciel ! la perdre pour jamais,
Et quand j'étais aimé !

LE CID.
 D'Elvire ?
RODRIGUE.
 Que j'aimais.
LE CID.
Toi !
RODRIGUE.
Pardon ! renfermant l'amour qui me consume,
Je n'ai de cet amour senti que l'amertume.
Pardon ! si j'eus des torts, ils sont trop expiés ;
Le désespoir les suit : ici même, à ses pieds,
Une erreur m'a livré l'aveu de sa tendresse,
Et moi, dans ce moment de douleur et d'ivresse,
J'ai tout dit ; mon bonheur, je n'ai pu l'accepter,
Et je ne l'ai connu que pour le regretter.

LE CID.

Que pour t'en rendre digne ; il peut renaître encore :

On désarme aisément celle qui vous adore,
Et, fût-il menacé d'un courroux éternel,
Jamais l'amant aimé n'est longtemps criminel.
Tout couvert de son sang, j'ai cru perdre Chimène ;
Elle a cru me haïr, et j'ai fléchi sa haine,
Mais à force de vaincre ; eh bien, fais comme moi,
Et change en actions les pleurs versés par toi.
Ils engagent ton bras, car ils sont des promesses ;
Ces pleurs vont enfanter d'incroyables prouesses :
La mort en va sortir, la gloire ; et cette fois
Tu vas m'épouvanter, filleul, de tes exploits.

RODRIGUE.

Ah ! puisqu'il m'est promis, ce prix de ma vaillance,
Meure en moi la pitié devant cette espérance !
Que le fer ennemi se plonge dans mon flanc,
Qu'à vos yeux immolé je tombe en immolant,
Qu'un pied païen m'achève, et que pour funérailles
Les loups de la Sierra boivent dans mes entrailles,
Si mon père au retour me refuse son nom,
Campéador, l'espoir de porter son blason,
Elvire, cette main qu'elle m'avait donnée,
Et les chrétiens vainqueurs, l'honneur de la journée !

LE CID.

Sûr qu'au prochain combat tu seras sans rival,
Je me tiendrai content si j'en sors ton égal.
Quand battront mes tambours, à tes côtés j'y vole ;
Dans une heure sois prêt.

RODRIGUE.
Si tard !

LE CID, lui serrant la main.
Bonne parole !
Quelqu'un vient ; dans une heure ici le rendez-vous !

RODRIGUE.

J'y serai.

SCÈNE IX.

LE CID, RODRIGUE, BEN-SAID ; *ce dernier porte au cou une chaîne qu'il n'avait pas au premier acte.*

LE CID.

Ben-Saïd.

ACTE II, SCÈNE X.

BEN-SAID.
Moi-même.
LE CID, à Rodrigue.
Laisse nous.
RODRIGUE, à part, en apercevant la chaine.
Qu'ai-je vu ?
LE CID.
Laisse-nous.
RODRIGUE, à part.
Cette chaîne... ô vengeance !
Est-ce lui ?
LE CID.
Sors, Rodrigue !
(Rodrigue se retire lentement, les yeux attachés sur le Maure.)

SCÈNE X.

LE CID, BEN-SAID.

LE CID.
                A ma reconnaissance
Tes titres sont sacrés, Ben-Saïd : tu me rends
Les restes du guerrier qui tomba dans vos rangs.
J'avais reçu ta foi : je m'y devais attendre ;
Mais en les rapportant tu fais plus que les rendre.
BEN-SAID.
Tu m'as loué trop tôt ; j'aurais donné mon sang
Pour laisser d'un bienfait ton cœur reconnaissant.
Les Maures de l'Atlas, pour être plus sauvages
Que ceux dont la Syrie a peuplé ces rivages,
Sont-ils moins généreux ? Alla m'en est témoin,
Je l'aurais, ce Fernand, rapporté de plus loin ;
Je viens seul : son vainqueur, dont il faut qu'on l'obtienne,
Ne veut pas que ce corps dorme en terre chrétienne.
LE CID.
Son désir sur le tien devait-il prévaloir ?
BEN-SAID.
Il ne le veut pas, Cid, et ne le peut vouloir ;
Il ne vous rendra pas, pour que votre prière
Bénisse, en l'y couchant, sa demeure dernière,
Pour qu'un marbre pieux le couvre à son retour,
Ce corps qu'il a promis aux serres du vautour.

LE CID.
L'outrage que reçoit cette noble dépouille,
Ce n'est pas le vaincu, c'est le vainqueur qu'il souille.
BEN-SAID.
Ignorant ses griefs, comment le juges-tu?
C'est cruauté pour toi, mais pour lui c'est vertu.
LE CID.
De repousser les vœux d'un vieillard qui le prie?
BEN-SAID.
Il pria des vieillards sans fléchir leur furie.
LE CID.
D'un père, Ben-Saïd?
BEN-SAID.
        On l'a privé du sien.
LE CID.
N'a-t-il donc jamais vu pardonner un chrétien?
BEN-SAID.
Toi seul; ton Dieu pourtant ordonne la clémence;
Mais le sien la justice.
LE CID.
       Et fût-ce la vengeance,
En rendant pleurs pour pleurs et trépas pour trépas,
On accorde un tombeau.
BEN-SAID.
       Son père n'en eut pas;
Sa mère en expirant n'en a pas eu... sa mère!
Une femme!
LE CID.
      Est-il vrai?
BEN-SAID.
       Cette douleur amère,
Leur fils la sent encor : de tous les prisonniers
Faits dans leur ville en cendre, ils étaient les derniers.
Ces deux hardis croyants portaient si haut la tête,
Et confessaient si haut la loi de leur prophète,
Qu'on rendit à plaisir leur supplice plus lent;
L'outrage s'y mêla : de son glaive insolent
L'Espagnol les força de baiser la poignée
Dont il collait la croix sur leur bouche indignée,
A leur aide, en riant, appela Mahomet,

ACTE II, SCÈNE X.

Autour de leurs deux corps qu'un brasier consumait,
Et par trois fois, aux cris d'une foule grossière,
En jeta dans les vents la brûlante poussière.
Voilà ce qu'il a fait ; guerrier, veux-tu savoir
Ce qu'a fait à son tour leur fils au désespoir ?

LE CID.

Achève.

BEN-SAID.

Il a juré le saint nom de sa mère,
Le nom plus saint encor de son vénéré père,
Et les chairs et les os de leurs corps qu'on brûla,
Et leur cendre lancée à la face d'Alla,
Que jamais les chrétiens ne répandraient la terre
Sur un chrétien par lui frappé du cimeterre,
A moins qu'en succombant, délié de sa foi,
Lui-même d'un vainqueur il n'eût subi la loi.
Que de soleils depuis, que de froides rosées
Ont passé sur des chairs par lambeaux exposées
Au bec vengeur de l'aigle, et combien d'ossements
Ont, de chairs dépouillés, blanchi sans monuments !
Mais, avant qu'il soit las de châtier ta race,
Combien d'autres encor blanchiront sur sa trace !
Car son bras est mortel à qui l'ose braver,
Et le vainqueur qu'il cherche est encore à trouver.

LE CID.

Dieu, qui du haut du ciel maudit ces représailles,
Pourra le lui trouver au pied de nos murailles.

BEN-SAID.

Dieu, qui les lui commande, a dit que sur ce bord
Au plus grand de vous tous il donnerait la mort.

LE CID.

Qu'il laisse aux pleurs d'un père amollir son courage,
Ce guerrier pour sa gloire aura fait davantage.

BEN-SAID.

Il a juré.

LE CID.

Du Cid veut-il être honoré ?
Qu'il cède.

BEN-SAID.

Je t'ai dit, chrétien, qu'il a juré.

LE CID.

Alors, je te dis moi, partant, je t'autorise,

Maure, à lui répéter que le Cid le méprise.
Quel que soit le serment que sa bouche a prêté,
Insulter un cadavre est une lâcheté.
BEN-SAID.
Ce mot-là prononcé veut qu'on tue ou qu'on meure :
La bataille en suspens vous laisse encore une heure ;
Si tu veux mesurer ton bras avec le sien,
Je te dirai son nom.
LE CID.
    Je le sais : c'est le tien.
BEN-SAID.
Eh bien donc ?
LE CID.
    Il n'est plus qu'un duel qui m'honore,
Duel entre la croix et l'étendard du Maure,
Mon pays et le tien, vous, Ben-Saïd, et nous,
Non d'un seul contre un seul, mais de tous contre tous.
De tant d'hommes sur moi lorsque le sort repose,
Punir l'orgueil d'un homme est pour moi peu de chose ;
J'ai son peuple à détruire et le mien à sauver.
Il me retrouvera s'il veut me retrouver ;
Je n'entends éviter ni chercher sa rencontre ;
Qu'au fort de la mêlée à mes yeux il se montre,
Et pour avoir le mien, qu'il m'apporte son sang,
Je ne refuse pas de l'abattre en passant.
Pars.
  (Montrant le champ de bataille.)
  Là, je te promets de remplir son attente ;
Là, dans les rangs des siens, là, jusque sous sa tente,
Jusque sous son épée, avec l'aide de Dieu,
J'irai chercher Fernand.
BEN-SAID.
    Viens donc l'y prendre.
LE CID.
           Adieu.
(Le Cid sort par une porte latérale, Ben-Saïd se dirige vers la porte du fond.)

SCÈNE XI.
BEN-SAID, RODRIGUE.
RODRIGUE.
Demeure.

ACTE II, SCÈNE XI.

BEN-SAID.

Que veux-tu?

RODRIGUE.

Savoir par ta réponse
Si j'ai droit sur tes jours.

BEN-SAID.

Toi, jeune homme!

RODRIGUE.

Prononce :
Tu le peux en deux mots.

BEN-SAID.

Ne retiens point mes pas.

RODRIGUE.

Ou tu vas me répondre, ou tu ne l'oses pas.

BEN-SAID.

Parle donc; j'ose tout.

RODRIGUE.

Que Ben-Saïd m'explique
D'où vient qu'un mécréant porte cette relique?

BEN-SAID.

Parce qu'il n'y croit pas et prouve en la portant
Ce que peut le Sauveur en qui vous croyez tant !

RODRIGUE.

Ce Sauveur, qui te tient sous sa main vengeresse,
Pour signaler sa force a choisi ma faiblesse.

BEN-SAID.

Quel bras as-tu vaincu?

RODRIGUE.

Je n'en redoute aucun.

BEN-SAID.

Ton nom?

RODRIGUE.

Je n'en ai pas ; mais tu vas m'en faire un.

BEN-SAID.

Tes griefs ?

RODRIGUE.

Cette chaîne, est-ce toi qui l'as prise ?

BEN-SAID.

J'en suis fier.

RODRIGUE.

Où, comment, sur qui l'as-tu conquise?

22.

BEN-SAID.
Où, jeune homme, comment et sur qui ?
RODRIGUE.
Réponds-moi.
BEN-SAID.
Ici près, par le fer, sur plus vaillant que toi.
RODRIGUE.
Eh bien ! je veux la rendre à qui tu l'as ravie,
Et l'aurai par le fer, païen, avec ta vie !
BEN-SAID.
Prends garde : car ta main semblait en approcher,
Et ce serait, chrétien, mourir que d'y toucher !
RODRIGUE.
Mourir !
BEN-SAID.
Ne force pas ce glaive à t'en convaincre.
RODRIGUE.
Je te l'arrache donc pour montrer que c'est vaincre !
BEN-SAID.
Qu'as-tu fait ?
RODRIGUE.
Reprends-la ; maintenant c'est mon bien,
Et ce sang que je baise, il demande le tien ;
Il l'exige.
BEN-SAID.
Où veux-tu tomber sous ma colère ?
RODRIGUE.
Choisis : tout lieu m'est bon si j'y venge mon frère.
BEN-SAID.
Ton frère !
RODRIGUE.
Il nous attend pour te voir abattu.
BEN-SAID.
Mais les lois du combat, malheureux, les sais-tu ?
RODRIGUE.
Qu'importe ? c'est à toi qu'elles seront funestes.
BEN-SAID.
Du Fernand qui t'est cher je te rendrai les restes...
RODRIGUE.
Sur l'heure !
BEN-SAID.
Ou sans tombeau je laisserai les tiens.

ACTE III, SCÈNE I.

RODRIGUE.

J'accepte.

BEN-SAID.

Viens.

RODRIGUE.

Marchons.

BEN-SAID, montrant Rodrigue.

De leurs lambeaux chrétiens,
Aigles que je nourris, voilà votre pâture !

RODRIGUE.

Ton cadavre, mon frère, aura la sépulture !

ACTE TROISIÈME.

SCÈNE I.

LE CID *entre en regardant autour de lui avec inquiétude.*
ELVIRE *le suit.*

ELVIRE.

Qu'avez-vous ?

LE CID, à part.

L'heure expire, et Rodrigue est absent.

ELVIRE.

Quand, pour livrer bataille, il part en m'embrassant,
Mon père a l'œil si fier et l'âme si contente !...
Vous attendez quelqu'un qui trompe votre attente.

LE CID, de même.

C'est étrange ; il n'importe : en lui j'ai toujours foi.

(A Elvire.)

Mais un autre doit-il me distraire de toi ?

ELVIRE.

Il ne viendra pas.

LE CID.

Qui ?

ELVIRE.

Pourtant le clairon sonne.

LE CID.

Que veux-tu dire, enfant ?

ELVIRE.
Ah ! personne !

LE CID.
Personne ?
Et cependant tes yeux se détournent des miens,
Pour dévorer des pleurs qu'à peine tu retiens.

ELVIRE.
Je crains la gloire aussi, même en la trouvant belle.

LE CID.
Aussi ! qui donc la craint ?

ELVIRE.
Bientôt à l'infidèle
Vous aurez de Fanès fait expier le deuil ;
Mes yeux sous vos baisers se sécheront d'orgueil.

LE CID.
Dans nos murs, à ta garde il faut que Fanès veille.

ELVIRE.
Quelle crainte inconnue en vous pour moi s'éveille ?

LE CID.
Comment prévoir le sort d'un combat acharné,
Où l'un des deux partis doit être exterminé ?
Au cœur des Sarrasins tandis que je m'élance,
Un coup de désespoir peut leur livrer Valence,
Et je n'en puis sortir avec sécurité
Sans laisser loin de moi ma fille en sûreté.

ELVIRE.
Pour garder nos remparts Rodrigue peut suffire.

LE CID.
Il doit gagner le prix où son espoir aspire.

ELVIRE.
Quel prix ?

LE CID.
Tu le sauras. Fier de m'accompagner,
C'est en me défendant qu'il prétend le gagner :
Tout à l'heure pour moi tu t'alarmais d'avance.

ELVIRE.
Mais mon cœur alarmé tressaillait d'espérance.

LE CID.
Elvire, il est passé, le temps où mon regard
Voyait aussi l'espoir lui sourire au départ,

ACTE III, SCÈNE I.

Quand ta mère, si lente à m'attacher mes armes,
Accusait mon ardeur d'insulter à ses larmes.
Qui m'eût dit qu'avant moi cette fleur tomberait ?
L'heureux Cid, qui jadis pour vaincre se parait,
Depuis qu'en l'attendant sa Chimène sommeille,
Ne porte plus l'azur avec la croix vermeille ;
Il revêt des couleurs sombres comme la nuit,
Et noir est le barnais du coursier qu'il conduit.
Pauvre Babièça, qui jamais ne murmure.
Si chaud que soit l'été, du poids de mon armure,
Dont je n'ai jamais vu les flancs battre d'effroi,
Force est qu'un jour ou l'autre il revienne sans moi ;
Ce jour-là même encor, reçois-le bien, ma fille :
Fais-lui porter mon deuil ; il est de la famille.
Qu'il soit flatté par toi des mains et des regards :
La noble créature est sensible aux égards.
Sans le traiter d'ingrat, qu'à son vieux maître il pense ;
Car tout bon serviteur mérite récompense.

ELVIRE.

Cette course lui garde un triomphe nouveau :
Il reviendra, ce soir, plus fier de son fardeau.

LE CID.

En fût-il autrement, dans ta douleur sois ferme :
Souviens-toi qu'ici-bas toute chose a son terme.
Mes jours sont pleins, Elvire, et bons à moissonner ;
Dieu qui me les compta pouvait moins m'en donner.
Les reprendre est son droit ; mais, si sa faux les touche,
Que leur dernier soleil dans la gloire se couche !
Tu devras, comme moi, bénir le moissonneur ;
La récolte en tombant sera riche d'honneur.

ELVIRE.

Je ne vous vis jamais cette triste pensée.

LE CID.

D'un je ne sais quel poids mon âme est oppressée :
C'est faux pressentiment, faiblesse, je le veux ;
Mais, quel que soit mon sort, voici mes derniers vœux :
Sur ma part de butin dote cinq pauvres filles,
Si Valence aujourd'hui reste unie aux Castilles ;
Que pour le voyageur des murs hospitaliers
S'élèvent par tes soins au milieu des halliers,

Où son corps fatigué ne trouve sur la terre
L'ombre qui rafraîchit ni l'eau qui désaltère,
Et qu'il ait un abri, sans payer son séjour,
Sur ces monts de Térouel où j'eus tant soif un jour.
Quant à moi, si je meurs, qu'un convoi me ramène,
A travers les païens, au tombeau de Chimène ;
Que droit sur les arçons et Tizonade au vent,
La face à l'ennemi, mon corps marche en avant ;
Et si désir leur vient de vous barrer la route,
Mon ombre suffira pour les mettre en déroute.

ELVIRE.

Et, témoin des dangers où je vous vois courir,
Je ne puis avec vous triompher ni mourir !
Hélas ! que fait votre âme en un sexe débile ?
Que n'avez-vous, au lieu d'une fille inutile,
Un fils qui de son corps au champ vous couvrirait !
Ce n'est pas moi du moins que mon père attendrait.

LE CID.

N'en ai-je donc pas un digne du nom qu'il porte ?
De lenteur accusé quand son ardeur l'emporte,
Dans la plaine peut-être il vient de s'élancer,
Et c'est peu de me suivre, il veut me devancer.
Mais que peut-il pour moi, si Chimène m'appelle ?...
Car je l'ai vue en songe...

ELVIRE.
    En songe !

LE CID.
              Toujours belle,
Belle comme à vingt ans, mais morte cette fois.
J'errais sous son balcon, chantant à demi-voix
L'air qui fut si longtemps sa douce fantaisie ;
Son bras avec lenteur leva la jalousie.
Ravi, je crus encor la voir sous ces atours
Que préféraient mes yeux au temps de nos amours ;
C'est sous un blanc linceul qu'elle m'est apparue.
Pâle, elle m'a souri ; puis, dans l'air suspendue,
Vers l'étoile du soir elle a levé la main,
Et s'est évanouie en disant : « A demain ! »
Au rendez-vous donné je fus toujours fidèle ;
Tu vois bien que ce soir je dois être auprès d'elle,

Et je voudrais, ma fille, au dernier rendez-vous,
Lui dire, en l'embrassant, le nom de ton époux.
ELVIRE.
Cet époux, il est mort. Si le ciel me destine,
Quand je suis déjà veuve, à rester orpheline,
C'en est fait, et mes jours au deuil sont dévolus.
Disposer de ma main quand vous ne serez plus,
C'est donner votre fille et votre épée ensemble :
L'une est de vous sortie ; il n'est cœur qui lui semble
S'être placé si haut que de la mériter,
Et l'autre pour eux tous est trop lourde à porter.
LE CID.
Un d'eux fera pourtant plus que tu n'en exiges :
L'amour dans notre Espagne accomplit des prodiges,
Et... mais voici Fanès.

SCÈNE II.

LE CID, ELVIRE, FANÈS, CHEVALIERS.

FANÈS.
Cid, je viens te chercher :
Que fais-tu ? De ses bras faudra-t-il t'arracher ?
On attend le signal : est-ce que tu l'ignores ?
Ou veux-tu que sans toi j'aille achever les Maures ?
LE CID.
J'ai tout prévu, Fanès.
FANÈS, à l'oreille du Cid.
Que m'avais-tu promis ?
Il devait avec nous marcher aux ennemis ?
LE CID.
Rodrigue ?
FANÈS.
Où donc est-il ?
LE CID.
Au pied des murs, sans doute.
FANÈS, qui se contient à peine.
Je sais que non ; du cloître il a repris la route ;
Qu'il s'y cache.
LE CID.
De lui parle bas à ton tour.

####### FANÈS.
Dans son ignominie enfoncé sans retour,
Il se garderait bien de paraître où nous sommes,
L'indigne !
####### LE CID, à lui-même.
Cependant je me connais en hommes !
####### ELVIRE, à part.
Et mon fatal amour, j'ai pu le révéler
A celui dont tout haut on n'ose plus parler !
####### FANÈS, au Cid.
Embrasse-la ; partons ; car l'opprobre d'un autre,
Si nous tardons encor, va devenir le nôtre.
D'ailleurs, en le voyant... Ah ! partons ; tu connais
L'effroyable pensée où je m'abandonnais :
De moi, pour l'étouffer, je ne sais plus que faire,
Et, si je ne me bats, rien ne m'en peut distraire.

####### LE CID.
J'ai pourtant un service à réclamer de toi.
####### FANÈS.
Ordonne, et j'obéis.
####### LE CID.
Eh bien, consens...
####### FANÈS.
A quoi ?
####### LE CID.
Tu vas te récrier.
####### FANÈS.
Devant quel sacrifice
Me vois-tu reculer quand tu veux un service ?
####### LE CID.
Eh bien donc, dans nos murs, Fanès, tu vas rester.
####### FANÈS.
Tandis qu'on se battra ? qui ? moi !...
####### LE CID.
Puis-je y compter ?
####### FANÈS.
Rester les bras croisés, derrière des murailles,
A me ronger ici le cœur et les entrailles,
Quand le Maure insolent qui d'un fils m'a privé,
Moi vivant, sous le ciel marche le front levé !
Quand ce profanateur qui ne veut pas me rendre
Un bien que ma colère a soif de lui reprendre,

ACTE III, SCÈNE II.

Comme un lâche qu'il est, fait en se pavanant
Piaffer son cheval sur le corps de Fernand !

LE CID.

Je te promets sa vie.

FANÈS.

Il m'appartient : ma joie,
C'est de courir sur lui, c'est de saisir ma proie,
C'est de la renverser, c'est en la déchirant,
D'arracher Fernand mort à Ben-Saïd mourant.

ELVIRE.

Qu'il y vole, et que Dieu conduise son courage,
Puisqu'il n'a pas de fils pour venger cet outrage !
Qu'il veille, en vous suivant, non sur moi, mais sur vous !

LE CID.

Femmes, enfants, vieillards, qui vous défendra ?

ELVIRE.

Nous ;
Nous seuls : le cœur suffit à qui veut se défendre.
Vous le disiez tantôt, ma parole peut rendre
L'âme aux plus abattus, la jeunesse aux plus vieux,
Et le regard du Cid peut briller dans mes yeux.

LE CID, à Fanès.

Tu comprends maintenant ma crainte paternelle ;
Ce sacrifice, ami, le feras-tu pour elle ?

FANÈS.

Va donc seul !

LE CID.

J'ai ta foi ?

FANÈS.

Ma foi de chevalier ;
Mais ton danger pourtant pourra m'en délier ?

LE CID.

Je n'attendais pas moins ; viens dans cette accolade
Donner force et vaillance à ton vieux camarade !

FANÈS.

Hâte-toi de les vaincre, ou je n'y tiendrai pas.

ELVIRE.

Quel second vous perdez !

LE CID.

Je le sais ; mais là-bas

Un plus jeune, Fanès, m'attend la tête haute,
Et son aide, au besoin, ne me fera pas faute.
(A Elvire.)
Libre du dernier soin qui pouvait m'émouvoir,
Je te quitte, et je sens que je dois te revoir.
(Les chevaliers le suivent.)

SCÈNE III.

ELVIRE, FANÈS.

FANÈS.
Il flatte tes chagrins de l'espoir qu'il emporte ;
Mais tu l'avais bien dit, Fanès, ta race est morte.

ELVIRE.
C'est pour moi qu'à regret languit loin des drapeaux
Ce courage indigné qui maudit son repos.

FANÈS.
Personne de mon nom ne m'y remplace, Elvire.

ELVIRE.
Se peut-il? vous pensez... quoi! lui?... ma voix expire.

FANÈS.
Tu sais tout.

ELVIRE.
  Sur la plaine il n'a donc point paru?

FANÈS.
En l'y cherchant des yeux, dans nos rangs j'ai couru.

ELVIRE.
Sans le voir?

FANÈS.
  Sans le voir.

ELVIRE.
   Mais il y va descendre.

FANÈS.
Il craindrait d'y mourir.

ELVIRE.
   Nul n'a pu vous apprendre
Ce qu'il fait, dans quels lieux il a porté ses pas?

FANÈS.
Je n'ai rien demandé.

ELVIRE.
  Pourquoi?

FANÈS.
>Je n'osais pas :
J'avais peur à mon tour.

ELVIRE.
>Ah ! malheureuse !

FANÈS.
>O rage !
Mon sang qui brûle encor malgré le froid de l'âge,
Transmis à ce cadavre, en glace s'est changé
Dans son cœur de vingt ans où l'effroi l'a figé.
Pourtant, quand sur mon front j'avais sa honte écrite,
Si quelqu'un l'eût flétri de l'affront qu'il mérite,
Me prenant à la gorge avec la vérité,
J'aurais crié : Tu mens ! à qui l'eût insulté,
Et, faisant ce que jeune il n'a point osé faire,
Moi vieux, je serais mort pour prouver le contraire.

ELVIRE.
Mais s'il le prouve, lui !

FANÈS.
>Ma race est morte, enfant.

ELVIRE.
Si, déjà dans la lice, il en sort triomphant !

FANÈS.
Elle est morte.

SCÈNE IV.

ELVIRE, FANÈS, RODRIGUE.

RODRIGUE.
Le Cid ?...

ELVIRE.
>O ciel !

FANÈS.
>C'est lui !

RODRIGUE.
>Mon père !

FANÈS, à Elvire qui cache de honte sa tête dans ses mains.
Tu vois s'il combattait !
>(S'avançant l'épée haute vers son fils.)
>Reçois de ma colère

Ce trépas que tu fuis, infâme, et qui t'est dû.

ELVIRE, qui se jette entre eux.

C'est votre fils !

RODRIGUE.

Le Cid ne m'a pas attendu !
Je le rejoins.

FANÈS.

Demeure, ou je suis ton complice,
En souffrant que deux fois ta fuite m'avilisse.
Ton casque !
(Le lui arrachant.)
Il me le faut : tu l'as déshonoré.
Cimier de mes aïeux dont j'ai tant espéré
Quand j'ai mis sur son front ton étoile guerrière,
Puisqu'on t'a vu de peur revenir en arrière,
Astre tombé du front d'un Minaya qui fuit,
Rentre avec son honneur dans l'éternelle nuit.
(Il le jette à ses pieds.)

RODRIGUE.

Vous m'avez, ô mon père, avili devant elle ;
J'ai dû souffrir de vous cette injure mortelle ;
Un mot m'en laverait : je ne le dirai plus.
(A Elvire.)
Vos pleurs venus trop tard, vos remords superflus
Seront le châtiment de ce cruel silence ;
Vous avez, sans parler, prononcé ma sentence.
Un casque ! eh ! pour mourir, qu'importe à qui vous perd ?
Plus mon front sans défense à leurs coups est offert,
Mieux il attestera ma valeur méconnue ;
Quand on est las de vivre on combat tête nue,
J'y cours.

SCÈNE V.

ELVIRE, FANÈS.

FANÈS.

Combattre, lui, combattre !

ELVIRE, qui a semblé sortir d'un rêve aux derniers mots de
Rodrigue et qui s'élance vers Fanès avec transport.

Il le fera !

Folle incrédulité qui de moi s'empara,
Pour frapper ma raison et mes sens de vertige !

ACTE III, SCÈNE V.

Prodigue de sa vie, il le fera, vous dis-je.
Il l'a fait, je l'ai vu : ses traits plus fiers, son œil,
Par le triomphe émus brillaient d'un noble orgueil ;
Ils révélaient... que sais-je ? un exploit que j'ignore ;
Mais enfin la victoire y palpitait encore.
Et sur les traits d'un fils vous la méconnaissez !
Dans votre aveuglement, c'est vous qui le chassez ;
Vous l'accablez vainqueur du dernier des outrages,
Et ce front qui revient digne de vos hommages,
Pour qu'à la mort qu'il cherche il ne puisse échapper,
Vous le livrez sans arme à qui veut le frapper.

FANÈS.

Qu'il reste ou parte et vive ou se perde lui-même,
Que vous importe?

ELVIRE.

A moi ? mais je l'aime ! je l'aime !
Ne vous l'ai-je pas dit ? ne le voyez-vous pas ?
Vous ne voyez donc rien ? je l'aime et sur ses pas
Je ne puis m'élancer pour écarter le glaive,
Pour m'offrir, à sa place, au fer qui me l'enlève ;
Je ne le puis, et vous qui l'avez désarmé,
Témoin de son départ sans en être alarmé,
Vous ne le suivez pas ; non, je vous vois tranquille ;
Vous lui devez l'exemple et restez immobile.
Quel droit aviez-vous donc de le traiter ainsi ?
Guerrier, quand on combat, que faites-vous ici ?

FANÈS.

Martyr de mon serment, puis-je rien entreprendre ?

ELVIRE.

Je vous en affranchis.

FANÈS.

Ne dois-je pas défendre
Vos jours ?

ELVIRE.

Pensez aux siens.

FANÈS.

Ne l'ai-je pas promis ?
Et votre honneur sacré ne m'est-il pas commis ?

ELVIRE, mettant la main sur le poignard qu'elle porte à sa ceinture.

Voilà son défenseur ! allez ; plus d'épouvante
Pour moi qui dans leurs mains ne peux tomber vivante.

23.

Mais lui, je veux qu'il vive : oui, c'est pour lui, pour vous
Que je vous en conjure ; et si, même à genoux,
Je ne puis triompher de votre indifférence,
Je l'ordonne, et réponds d'Elvire, de Valence,
De tout, pourvu qu'il vive. Allez, courez, volez ;
Enfin c'est moi, s'il meurt, moi que vous immolez ;
Me tûrez-vous ?

SCÈNE VI.

ELVIRE, FANÈS, BEN-SAID, écuyers *qui restent dans la galerie au fond.*

FANÈS.

Grand Dieu ! la fortune aurait-elle
Trahi pour le croissant notre sainte querelle ?
Des turbans dans nos murs ! un Maure !...

BEN-SAID.

Un prisonnier.
Vieillard, rends à ton fils un hommage dernier ;
Je viens te rapporter sa dépouille insensible :
Le bras qui l'a vaincu cesse d'être invincible.

FANÈS.

Tu serais Ben-Saïd ?

BEN-SAID.

Je le suis.

FANÈS.

Ah ! l'ami,
Qui m'a tenu sa foi, ne l'a fait qu'à demi.
Il me devait tes jours ; je rougis de les prendre
En frappant un captif qui ne peut se défendre.

BEN-SAID.

Il le pourra bientôt.

FANÈS.

Comment ?

ELVIRE.

Que dites-vous ?

BEN-SAID.

Que la bataille enfin semble pencher pour nous,
Et libre...

FANÈS.

Je cours donc où mon devoir m'appelle :

C'est à côté du Cid.
(A quelques chevaliers qui restent aussi dans la galerie.)
Amis, veillez sur elle !
Les nôtres ont plié, je pars ; en l'embrassant,
Une larme à mon fils ! à son vengeur, mon sang !

SCÈNE VII.

ELVIRE, BEN-SAID.

ELVIRE.
Ce vengeur, c'est mon père ?

BEN-SAID.
Acceptant mon partage,
J'aurais pu, fier encor, lui céder l'avantage.

ELVIRE.
Un chrétien le remporte, et ce n'est pas lui ?

BEN-SAID.
Non :
Je tombe sans éclat sous un guerrier sans nom.

ELVIRE.
Un inconnu ?

BEN-SAID.
J'avais pitié de sa jeunesse.

ELVIRE.
Un jeune homme ?

BEN-SAID.
Un jeune homme ; et comme à sa faiblesse,
Sûr de moi, j'insultais à son obscurité.

ELVIRE.
C'était le Cid obscur par Gormas insulté !

BEN-SAID.
En un jour et d'un coup sa renommée est faite.

ELVIRE.
Comme celle du Cid !

BEN-SAID.
C'est peu de ma défaite ;
Il triomphe deux fois : sur la poudre étendu,
J'offrais ma gorge au fer, pour frapper suspendu,
Quand, son genou cessant de presser ma poitrine :
« Sois sauvé, m'a-t-il dit, par cette voix divine
« Qui de tout pardonner au chrétien fait la loi !

« Le meurtrier d'un frère a grâce devant moi. »

ELVIRE.

D'un frère! il s'exposait pour la cause d'un frère!
C'est Rodrigue! lui seul, plus heureux que mon père,
De ce double triomphe a pu se couronner!
Seul il a pu vous vaincre, et seul vous pardonner!
Mon cœur, qui le nommait, reconnaissait d'avance
Rodrigue à sa valeur, Rodrigue à sa clémence;
Il est digne de moi, c'est lui; j'ai retrouvé
Le héros que j'aimais et que j'avais rêvé!

SCÈNE VIII.

ELVIRE, BEN-SAID; FANÈS, *qui s'avance à pas lents et la consternation sur le visage.*

ELVIRE, à Fanès.

Quoi! sitôt de retour?... La bataille est perdue!

FANÈS.

Par les Maures, Elvire; et leur foule éperdue
Ensanglantait la plaine où j'arrivai trop tard
Pour voir devant la croix tomber leur étendard,
Débris qu'on foule aux pieds, tronçon qui sur le sable
Au Dieu qu'il a bravé fait amende honorable.

BEN-SAID.

Je n'ai pu le défendre!

ELVIRE, à Fanès.

    Alors, qui pleurez-vous?
Est-ce mon père ou lui que m'ont ravi leurs coups?
Qui des deux?

FANÈS.

  Jour de deuil!

ELVIRE.

    A peine je respire...
Tous deux peut-être?

FANÈS.

  Hélas! c'est le Cid.

ELVIRE.

    Il expire?
(Regardant Fanès qui ne lui répond pas.)
Il n'est plus?

FANÈS.
Je l'ai vu, cette fleur des guerriers,
Couché sur un amas de drapeaux prisonniers.
Sans blessure, la mort l'a surpris dans sa gloire ;
Et telle est la stupeur qui, malgré sa victoire,
A glacé tous les bras comme tous les regards,
Que son arme est restée au pouvoir des fuyards.
Il est tombé, le Cid, mais sans que dans la lutte
L'effort d'un bras humain eût l'honneur de sa chute,
Vaincu par la fatigue, écrasé sous le faix
Que ce dernier triomphe ajoute à ses hauts faits.
Comme si, pour porter l'immense nom qu'il laisse,
La force désormais manquait à sa vieillesse.

ELVIRE, voyant approcher le lit où l'on rapporte le Cid.
Ah ! je pourrai du moins l'arroser de mes pleurs !

SCÈNE IX.

ELVIRE, BEN-SAID, FANÈS, LE CID, L'ÉVÊQUE DE VALENCE, chrétiens, prisonniers, maures, bannières.

ELVIRE.
Ranime-toi, mon père, au cri de mes douleurs !
Mon père !... Mais le ciel exauce ma prière :
Son cœur bat, il respire, il rouvre sa paupière.
Vous m'êtes donc rendu !

LE CID, qu'on soutient et qui promène ses regards autour de lui.
                   Mon épée !... A ma voix
Nul de vous ne répond ?

FANÈS.
                Pour la première fois,
Devant les Sarrasins ta main l'avait quittée...

LE CID.
Ils l'emportent ?

FANÈS.
             Plus fiers de l'avoir emportée,
En profitant, mon Cid, du désespoir des tiens,
Que de mille étendards conquis sur les chrétiens.

LE CID.
Captive ! et Dieu permet qu'un moment je revive,

Pour savoir que du Maure, Elvire, elle est captive !
(A Fanès.)
Passée aux ennemis et reniant la croix,
Elle attaquera donc mon pays et mes rois ;
Et, servant Mahomet, il se peut qu'elle brille
Aux mains d'un mécréant pour menacer ma fille.

FANÈS.

Du vol de ce trophée étais-je donc témoin ?
Que faire après ? ton bras l'avait laissé si loin !
Pourquoi n'avais-tu pas ton Fanès à ta suite ?
Que n'avais-tu Fernand ? à leur armée en fuite
Il l'aurait arraché ; mais il n'était plus là.
Quant à l'autre, le lâche...

ELVIRE, à Fanès.

Arrêtez !...

SCÈNE X.

ELVIRE, BEN-SAID, LE CID, FANÈS, L'ÉVÊQUE ;
RODRIGUE, *qui accourt, l'épée du Cid à la main, et la dépose sur son lit.*

RODRIGUE.

La voilà !

La voilà !

LE CID.

Désarmé, sur eux tu l'as reprise !

BEN-SAID.

Mon vainqueur pouvait seul tenter cette entreprise,
Et l'achever.

FANÈS.

Qui ? lui, c'est ton vainqueur ?

LE CID, se soulevant sur ses drapeaux, à Fanès.

Eh bien !...

ELVIRE.

Que vous avais-je dit ?

FANÈS, *qui s'élance pour embrasser Rodrigue, et tombe un genou en terre devant lui.*

Pardon, mon fils !

LE CID.

C'est bien,
Fanès !

ACTE III, SCÈNE X.

(A son épée, qu'il baise.)

Tu me reviens à mon heure dernière,
Vieille amie, et sans lui tu restais prisonnière ;
Tu devenais païenne ; il t'a sauvé l'honneur ;
Et de me dire adieu tu lui dois le bonheur.
Moi, mon temps est fini ; mais le tien va renaître,
Bonne épée ; après moi je te destine un maître
Qui ne peut, sans mourir, te laisser en chemin,
Et tu ne croiras pas avoir changé de main.
Sois donc à lui !... Justice est qu'elle t'appartienne.
Prends, Rodrigue, et défends ma conquête...

(Montrant Elvire.)

Et la tienne.

RODRIGUE.

Elvire !

LE CID.

Elle est à toi. Fanès... ma fille... adieu !

FANÈS.

Je ne te verrai plus !

LE CID.

Que dans les bras de Dieu.
A vos sons belliqueux, si doux pour la vaillance,
Tambours, que du soldat l'âme vers Dieu s'élance !
(A l'évêque.)
Mon père... que vos vœux l'accompagnent aussi...
Bénissez... le chrétien... Chimène, me voici !

ELVIRE, tombant sur le corps de son père.

Il meurt !

(Tandis que l'évêque étend les mains pour le bénir, les tambours font entendre un roulement sourd, les bannières s'abaissent ; tous les chevaliers sont à genoux, excepté les maures, qui s'inclinent.)

L'EVÊQUE, les mains toujours étendues sur le lit funèbre.

L'âme du Cid au ciel est remontée.

ELVIRE, qui se relève.

Mais sa grande ombre, amis, dans Valence est restée.
Sa bannière y triomphe ; il l'y faut maintenir :
Qu'elle y prenne racine, et que dans l'avenir,
Fallût-il chaque jour vous remettre en campagne,
Son nom reste à Valence, et Valence à l'Espagne !
Tel est son vœu pour nous.

FANÈS.

Il sera respecté.

ELVIRE.

Pour lui-même, guerriers, voici sa volonté.

RODRIGUE.

Et nous l'accomplirons.

ELVIRE.

Qu'un convoi le ramène,
A travers les païens, au tombeau de Chimène ;
Que, droit sur les arçons et Tizonade au vent,
La face à l'ennemi, son corps marche en avant ;
Et si désir leur vient de vous barrer la route,
Son ombre suffira pour les mettre en déroute.

TOUS LES CHEVALIERS.

Victoire au Cid !

ELVIRE.

Sans vie, il doit les vaincre encor :

Victoire au Cid !

TOUS LES CHEVALIERS.

Victoire au Cid Campéador !

(Les tambours battent, les chevaliers lèvent leurs épées, les bannières s'agitent autour du lit funèbre. La toile tombe.)

FIN DE LA FILLE DU CID.

Corbeil, imprimerie de Crété.

www.ingramcontent.com/pod-product-compliance
Lightning Source LLC
Chambersburg PA
CBHW050320170426
43200CB00009BA/1400